U0945340

动态促销前沿

促销排期及有效期决策

张泽林 著

中国人民大学出版社
·北京·

前　言

促销作为营销 4P 组合中的重要一环，一直是学术界与实业界所共同关注的问题。从攻读博士学位的学生时代开始，我就被促销领域相关的理论和研究深深吸引，并基于自身生活中对于各种纷繁复杂的促销活动的体会和经验，尝试性地进行一些深入的思考。在这个过程中，我阅读了大量的前人研究，发现在促销这一理论体系中对于其动态应用方面的研究还比较欠缺。因此，在过去的 10 年间，在好奇心驱使下我针对包括促销频率、促销周期长度等动态决策的相关问题开展了一系列的研究工作，并借此书与读者分享相关的研究结果与心得。在本书中，我首先从大的理论框架出发，从促销的分类、促销的模式、促销的目的以及促销的主要决策因素这几个方面对促销相关的背景知识和概念进行介绍，并提出本书要解决的两个主要研究问题。第一个问题是：价格促销深度决策与促销排期决策之间的动态影响机制；第二个问题是：在动态促销的框架下，优惠券有效期和面值对消费者兑换行为和商家盈利能力的影响。在后面的两章中，我分别就这两个研究问题从理论和实践的角度进行了详细说明与论证，并汇报相关的研究结论。

在本书的撰写与校对过程中，得到了李佳雯、孟璐、李子阳、保乃庸、李佳等各位同学的大力协助。没有这些同学花费大量的时间和精力辛勤工作，就不会有本书高质量地完成，在这里对大家表示衷心感谢！也特别感谢父母多年的教育、培养与包容，养育之恩大于天，你们辛苦了！最后，本书系国家自然科学基金资助项目研究成果（71772172），感谢基金委的支持与信任！

由于水平所限，本书无法将促销相关的理论与研究的全部知识呈现给读者，仅当抛砖引玉，与读者分享本人对营销定价的一点拙见，如有不妥之处，欢迎大家批评斧正！

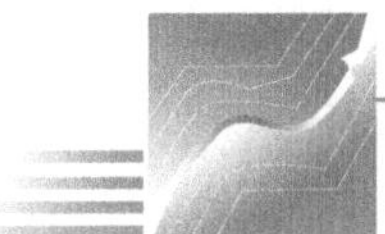

目　录

第1章

促销背景知识、概念介绍与研究挑战

本章摘要

促销，顾名思义就是商家通过一系列的营销活动，提升其产品和服务的市场需求，进而实现促进销售的目的。作为4P营销组合，即产品(product)、价格（price)、渠道（place）及促销(promotion）中的一个重要环节，促销在过去的20年中一直是商界与学术界共同关注的问题。对于几乎所有的市场参与者来说，促销在其营销活动中都占据举足轻重的地位，也是商家营销支出的主要组成部分。商家使用促销的主要动机是通过向消费者传递更多或更新的商家与产品信息，或通过提供更有吸引力的价格来提高已有消费者的消费频率与数量或是潜在消费者的购买意愿，进而提高商家产品的短期与长期的市场需求。

直观上，我们可能会把促销的内涵理解得过于简单，错误地认为促销就是平时每天都可以见到的降价、派发优惠券和代金券等这些营销手段。但事实上，促销所涵盖的领域远不止这些，且促销相关的理论和实践的内容与细节也远比我们直观想象的要多样与复杂。本章就从**促销的分类、促销的模式、促销的目的以及促销的主要决策因素**这几个方面对促销的相关知识与概念进行详细介绍与说明。另外，为了方便读者理解，我们将后文中所使用的一些名词进行定义：

商家：包括生产商、批发商和零售商，也就是价值链中所有主要参与者。

生产商：主要指创造产品的商家，是产品成品的原始提供商，有些书中也称为生产商或品牌商。

批发商：是价值链中联系生产商与零售商的纽带，它们不直接参与产品的生产环节，主要功能为从生产商购进产品，再转售给零售商。

零售商：不同于批发商，零售商的销售针对的是市场的终端消费者，是价值链的最终端。

中间商：批发商与零售商统称为中间商。

高端消费者：市场中对目标产品的支付意愿较高的消费者群体，或称忠诚消费者。

低端消费者：市场中对目标产品的支付意愿较低的消费者群体，其支付意愿低于高端消费者，或称非忠诚消费者。

一、促销的分类

广义上，促销的内涵主要包括两大类：广告与价格促销。然而，如果从更广义的角度来看，营销 4P 组合中的产品、价格和渠道其实都可以归到促销的范畴中，因为这些营销决策背后的目的都是为了满足消费者的需求，进而实现商家销售的提升。如果产品在设计阶段没有充分地考虑市场中消费者的真实和潜在需求，那么该产品未来的销售大概率不会有好的表现。同理，如果产品的价格定得过高，或者产品的销售渠道选择不善，其销售业绩一样不会很好。当然，虽然逻辑上一切以促进产品销售为目的的营销活动都可以纳入促销的范畴，但目前商界与学术界的共识界定了促销的主要分类就是广义上的广告与价格促销。下面我们就广告与价格促销这两个分类及其主要促销工具进行详细介绍。

首先，广告是商家通过向特定受众以特定的渠道传播特定的信息，来教育并影响这些受众的品牌与产品偏好，进而实现商家产品销量提升的目的。作为一种传播范围广、性价比高，且受地理限制少的信息传播方式，广告一直是商家进行营销传播的重要手段之一。一般来说，广告的主要受众是品牌或产品当前的和潜在的终端消费者。而面向企业端的宣传很少通过广告的形式，在实践中主要通过发布会、行业峰会、人员访问以及沙龙讨论的方式进行。广告的主要传播渠道包括传统的电视媒体、广播媒体、报纸杂志媒体、户外媒体、陈列及邮件等。另外，随着网络与移动终端设备在近十年中的飞速发展，广告的媒体还包括短信、网页、社交网络平台（微博与微信）和搜索引擎等新的形式，且其发展速度和市场规模均已远超传统媒体广告。根据央视市场研究（CTR）的数据，2018 年中国传媒广告市场规模接近 5 500 亿元，比 2017 年增长了近 15%，其中包括电视、广播、报纸和杂志在内的传统媒体广告的规模为 1 800 亿元，而互联网和新媒体广告的规模则达到创纪录的 3 700 亿元，且仍保持高速增长的态势。

除了广告促销，价格促销也是促销的另一种主要手段，这也是狭义上促销的内涵。价格促销主要通过使用各种短期的激励手段来促使中间商或消费者加快或提升其对特定产品或服务的需求。价格促销的主要对象是市场上的终端消费者，也可以是价值链中的下游商家或中间商。近些年来，价格促销尤其是面向消费者的价格促销获得了巨大的发展，越来越成为人们生活中不可缺少的组成部分。具体来说，面向终端消费者的价格促销工具主要包括以下几类：

1. 免费样品与试用

商家通过提供免费样品或试用来吸引消费者体验其产品，加深消费者对产品的了解并形成积极反馈，进而提升消费者的购买意愿。例如，在商场的化妆品柜台，几乎所有的品牌都会给消费者提供免费的小包装试用品或免费的体验活动。这种促销工具的主要缺点在于样品与试用的成本较高。另外，视不同情况，免费样品与试用的提供方可以是生产商、批发商或零售商。

2. 赠品与奖品

商家通过对出售的产品提供额外的赠品、奖品或抽奖机会等方式来吸引消费者购买。同时，作为额外收益的赠品与奖品也会增强消费者的购物体验与满意度，进而促进其后续购买行为。这种促销策略目前在线上零售领域很常用，例如买手机送手机膜和手机壳、买机票送保险等普遍存在的营销手段都属于赠品促销。另外，消费者在淘宝和京东完成购物的支付后，经常会有一次随机立减的抽奖机会，这也是典型的奖品促销。

3. 优惠券

优惠券是一种折扣凭证，消费者在购物时通过提供这种凭证获得一定额度或一定比例的价格优惠。我们平时常见的折扣券、团购券、代金券等均属于优惠券。例如，麦当劳和肯德基都会定期向消费者提供优惠券。但随着市场上提供优惠券的商家数量的急剧增加，优惠券的兑付比例逐年下降，且优惠券一般会在包括线下与线上的全渠道内发放，很难做到对不同消费者进行定制化发放。

4. 折扣销售

折扣销售就是一般意义上的货架价格促销，产品的折扣在其货架价格上直接标注，在支付时直接从价格中扣除。例如，我们在超市或商场中经常看到产品的价签上标注的立减、8 折优惠或买一赠一等，均属于折扣销售。这种策略的主要缺点在于所有购买折扣产品的消费者均可以无差别地获得折扣，无论其对该产品的支付意愿是高是低，无法做到对不同消费者进行定制化促销，因此商家会在促销过程中损失部分机会收益。

5. 积分兑换

积分兑换从某种意义上来说不是一个典型的价格促销手段，而是客户关系管理的一个重要手段和模块。具体来说，对于注册的消费者的每一次购物，商家会在其积分账户中根据购物额度累计一定的积分。消费者可以在其后续购物中使用这些积分进行支付，或以一定量的积分来兑换产品。从这个角度来看，积分兑换实际上也是给消费者的每一次购买行为进行了价格折扣。比较常见的例子包括航空积分、超市会员积分、加油站会员积分和信用卡积分等。这种手段的主要目的是通过积分这一累计账户的设立，维持消费者对商家的忠诚度，并刺激其未来消费。

6. 节假日降价销售

这种手段的主要特点是时效性，商家会在每一年的特定时间点进行降价促销活动，且促销的规模较大，一般会涵盖其大部分的产品种类。例如，我们都很熟悉的京东 6·18、天猫双十一和双十二，以及美国每年感恩节之后的黑色星期五等活动都属于节假日降价销售。

7. 购物返利

购物返利是在北美市场非常普遍的销售形式，其主要特点是消费者在购买商品的时候要支付商品的全额价格，商家在商品出售后向消费者返还部分款项，例如返还 10%的全额价格。一般来说，消费者如果想得到返利，必须要填一个返款表格，并把商品的发票、条形码等一并邮寄回给商家，商家会在 1～2 个月内以支票的形式将返利邮寄给消费者。返款表格一般需要消费者填写个人、家庭及购物的相关信息，有的返款表格是比较用户友好的，填写起来很方便，有的返款表格的填写则非常复杂，甚至要求消费者完成一些市场调研问卷。这期间消费者有时候还要和商家沟通来确认，因为如果消费者的返款表格填写有误，或邮寄的材料不全，他们还要在规定时间内补上所需的项目，否则就得不到返款。我们发现，这个过程对于消费者来说是要投入一定的时间和精力的，并不是完全“免费”的。这里的费用并不是指金钱的支付，而是消费者投入的时间和精力的价值。由于返利的申请和等待过程都需要消耗消费者的时间与精力，因此，有些价格敏感度低且时间价值较高的消费者会选择放弃返利的申请，价格敏感度高且时间价值不高的消费者则会选择申请返利。另外，有些消费者在购物时认为他们会完成后续的返利申请，而实际上在购物后却忘记了。根据美国 Parago 公司的统计，2010 年在美国只有 47%左右的消费者选择了提交返利申请，其他 53%的消费者没有申请返利。此时，价格促销可以帮助商家实现价格歧视的作用，也就是说对于同一个产品，申请并获得返利的消费者支付的价格低于那些没有完成返利申请的消费者。

除了我们以上所介绍和分析的面向终端消费者的价格促销，价格促销也可以是面向企业端的，也就是处在价值链上游的商家为其下游商家提供促销活动。这类促销工具一般包括以下几种：

1. 价目表折扣

价目表折扣与面向消费者的折扣销售类似，也就是折扣在上游商家在给下游商家的产品价目表中直接标注，并在支付中扣除。

2. 数量折扣

在价值链中，当下游商家的订货量超过某一额度后，其所支付的产品单价则会获得一定的折扣。实践中，数量折扣主要有两种方式。一种方式是当订货量超过限额后，所有产品都将享受折扣；另一种方式则是只有超过限额的那部分订货量才会享受折扣，也称阶梯定价。

3. 尾货回购

尾货回购是一种间接的价格折扣手段，也就是上游商家向其下游商家承诺以某个约定好的价格（一般来说低于原始交易价格）来回购其无法完全被市场消化的库存。这种方式尤其常见于易逝商品

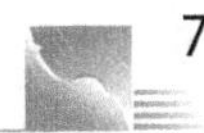

（食物、应季服装）的交易中。我们之所以将这种方式归类为价格促销，主要因为当市场需求疲软时，下游商家的积压库存无法转化为利润。但是，这部分积压库存的成本将会摊销到已出售的产品中，降低了下游商家的效益。通过尾货回购策略，上游商家帮助下游商家部分或全部分担这部分由于市场波动而造成的潜在成本上升风险，可以激励下游商家提高订货量。由于上游商家负担了成本风险，因此对下游商家来说，尾货回购从某种意义上来说也属于价格促销。

4. 免费商品

这个策略与面向消费者的免费样品与试用类似，也就是上游商家给下游商家提供一定数量的免费商品。通过对免费商品的销售，下游商家可以体验并了解该商品，同时进行市场测试与预热，进而实现其对该商品订货量的提升。当然，一般来说，免费商品策略还会伴以人员推销与访问，这种方式在医疗用品及医药的销售场景中尤为常见。

近十年中价格促销在营销实践中从深度到广度上的发展都是空前的，商家和消费者对价格促销也形成了习惯性的依赖。以可口可乐公司为例，其 2013 年的价格促销费用接近 7 亿美元，远远高于其 3 亿美元的广告费用支出。营销实践的发展给学术研究提出了更新、更深刻且更紧迫的要求，这也是本书选择促销作为主题的主要动机。在本书后文中，我们将主要关注并分析促销中的价格促销策略，具体来说就是以价格为主要手段的促销行为在多销售周期的情境下的动态促销策略，以及促销中兑现困难的价格歧视机制。当然，除了以上所介绍和分析的价格促销的策略，还存在一些非典型或非普遍的价格促销策略，在这里就不一一赘述了。

二、促销的模式

在这一节中，我们将主要介绍促销的两种主要的模式：推式（push）促销和拉式（pull）促销。推式促销的主要机制是促销由价值链的上游商家提供，通过价值链各个环节层层向下游传递，最终传递到终端消费者，实现激励消费的目的。在这个过程中，促销的发起人可以是价值链中除终端消费者外的所有的环节，且促销的对象也不仅限于终端消费者。举例来说（如图 1－1 所示），在一个包括生产商、批发商、零售商和终端消费者的价值链中，生产商为了促进其产品的销量，直接向其批发商提供价目表折扣。在获得折扣价格后，批发商会增加其从此生产商的进货量。但是，由于进货量的提高，批发商将面临更大的产品下行压力，需要进一步激励零售商提高进货量来消化库存，而最简单的办法就是将价格折扣继续向下游的零售商传递。此时，促销的发起人和促销对象分别转变为批发商和零售商。最终，在零售商继续将价格折扣传递给终端消费者的时候，它们又变为了促销的发起人，而终端消费者则是促销对象，实现了促销在价值链中的传递。在这个折扣和产品从上游向下游传递的过程中，生产商和消费者分别扮演了促销的终端发起人和终端对象，而批发商和零售商分别扮演了促销发起人和促销对象的双重角色。从直观上来看，推式促销可以完美地实现促销在价值链的传递，当促销传递到终端消费者的时候，市场需求则被拉动。然而，推式促销面临的主要问题是促销的力度在向下游传导的过程中会被损耗，在价值链环节较多的情况下尤为严重。回到上面说的例子，

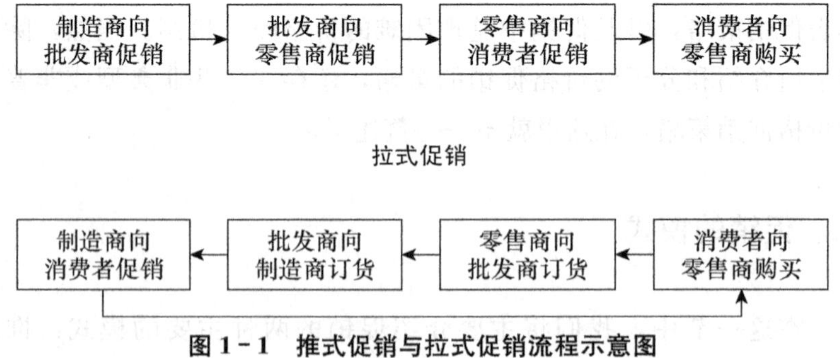

图 1－1　推式促销与拉式促销流程示意图

当批发商获得了生产商提供的价目表折扣后，它并不会100%地将这个价格折扣传递给中间商，而会留下一部分作为自己的实际利润。产生这种情况的原因并不是贪婪，而是根据价格弹性这一经济学基本理论所推导出的客观规律。这个规律可以由以下的例子来说明。当批发商从生产商处获得了10元的单价折扣时，它可以将这10元的折扣直接完全地传递给其下游零售商以获取更大的市场需求。根据经济学的供求规律，当市场需求增加的时候，商家通过提价可以获得更高的利润。因此，即使批发商将10元的折扣完全传递给了零售商，它会通过提高产品的批发价来获取超额利润，而这个提价则部分抵消了10元的折扣，导致损耗。据此，终端消费者所获得的折扣会大大低于其初始额度，因为当折扣进一步传递给零售商，以及最终传递给消费者的时候，还将经历两次损耗。然而，虽然折扣力度面临传递中损耗，但相较于拉式促销，推式促销在时间效率及市场反馈速度上还是具有优势的，下面我们将详细论述。

相较于促销沿价值链层层传递的推式促销策略，拉式促销策略的机制相对简单。在这个策略中，生产商和终端消费者分别扮演了促销发起人和促销对象的角色，而包括批发商和零售商在内的中间商并不直接参与促销过程。具体来说（如图1-1所示），生产商以优惠券或购物返利的方式直接向消费者发起价格促销，在促销的直接刺激下，消费者对目标产品的购买需求提高。为了满足终端市场由促销拉动的需求，零售商也需要相应地提高该产品从批发商的进货量，进而批发商也会提高其从生产商的进货量，实现了生产商销售提升的目的。从机制上来看，拉式促销传递的内容是市场需求信号，其传递方向是从市场终端反向传递到促销发起人；而推式促销传递的内容是折扣，其传递方向是从上游发起者到市场终端的正向传递。不难看出，拉式促销中折扣力度不发生损耗，这是其相较于推式促销的主要优势。但实际上，市场需求信号的反向传递过程中同样会产生损耗。例如，当零售商在面对终端市场中被生产商的促销活动拉动后的需求时，基于我们以上讨论过的经济学供求规律，它最直接的反应依然是提高产品的零售价格。进而，零售价格的提高又会反过来部分抑制需求的提升，导致了需求信号的损耗。同样，需求信号在从零售商到批发商，以及从批发商到生产商的传递过程中还会被损耗两次。除此以外，需求信号的传递并不是瞬时完成的，其接收者需要一定时长的市场观察和分析才能确认这个信号，这也导致了拉式促销的时间效率要低于推式促销。

在以上的分析中，我们详细地介绍了促销的两种主要模式的机制，并比较了各自的优势与劣势。一般来说，在供应链链条较长且供应链合作程度较高的时候，推式促销相较于拉式促销更有优势，反之，拉式促销则更有优势。当然，现实的市场环境会比理论上的分析更加复杂和多样，商家可以在实际工作中具体情况具体分析，选择最适合的模式。

三、促销的目标

前面两节的介绍让我们对促销的分类和模式的相关理论与知识框架有了基本的了解，这一节中我们将继续讨论一个更加基本的问题，那就是商家为什么要促销，促销要实现的目标到底是什么。

首先，根据前文的分析，我们知道广告的核心目标是将商家的品牌和产品信息通过正确的渠道，以正确的内容编辑方式传达给特定的受众。当受众被这些信息所教育，并对商家的品牌和产品产生了正向的认知和积极的反馈时，商家未来的市场需求则被拉动。然而，不同于广告促销，价格促销并不是以教育受众为主要目标的，而是以通过价格手段在短时间内刺激市场需求的上升为主要目标。基于此，我们认为广告的核心目标是商家未来或长期的需求的提升，而价格促销则更专注于商家当下或短期需求的提升。正如营销大师菲利普·科特勒（Philip Kotler）所说的，广告给出了消费者“买”

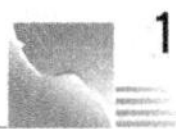

的理由，而价格促销则给出了消费者“现在就买”的理由。

近十几年来，随着互联网和移动终端的快速普及与发展，广告这种促销形式的核心目标也不仅仅局限于教育市场和拉动未来需求，新形式的互联网广告在刺激消费者短期消费和瞬时消费中也开始扮演越来越重要的角色。营销实践中，广告分为品牌广告和效果广告。品牌广告主要指通过电视、广播、报纸杂志等传统媒体发布的广告。由于这些传统媒体对广告受众的后续购买行为无法进行直接有效的跟踪与测量，因此品牌广告主要目的更侧重于对品牌认知度的普及和品牌形象的树立，旨在提升品牌在市场中的竞争优势和消费者未来的购买意愿。不同于品牌广告，效果广告（或称新媒体广告）的主要载体为互联网，且主要的传播渠道为电脑、手机、智能电视和智能穿戴设备等高科技终端。不同于传统的媒体，这些移动与智能终端设备具有极强的个体化和交互性的特点，基本每个终端只对应一个或者很有限数量的使用者，且这些使用者的行为可以被设备实时观测并准确记录。基于这些特点，广告发起方可以准确定位广告受众，将最匹配的产品，以最适合的内容和方式（短信、邮件、弹窗或 App 内信息），在最恰当的时刻通过最有效的终端推送给受众。同时，在广告被推送后，商家还可以实时观测每个受众的点击、关注或购买等行为，进而根据对这些行为指标的衡量，对广告的效果进行实时评估。因此，效果广告可以实现准确高效的广告投放，刺激市场中个体消费者的购买需求，其主要目标已经不再是教育市场和拉动未来需求，而是刺激消费者的瞬时需求。近些年来，伴随着基于互联网的效果广告的高速发展，这些广告的线上实时竞拍（real time bidding）与交易平台（ad exchange）也如雨后春笋般涌现，包括阿里、腾讯、百度等在内的主流互联网商家均建立了自己的广告交易平台，极大地改变甚至颠覆了传统的广告交易业态。在这些平台上，广告从发起、竞拍到最终传达至消费者的终端在毫秒级别即可完成，大大提升了效果广告的投放效果与效率。

除了上面我们讨论的促销的核心目标，商家在促销的营销实践中，也会根据不同的市场情况，设定不同的任务目标。具体来说，基于不同的任务目标，广告主要分为三大类：

1. 告知型广告

告知型广告的目标是向受众宣传产品（尤其是新产品）的特性、功能和使用方法等信息，加深受众对该产品的了解与认知。例如，沃尔沃汽车在其广告中着重宣传其安全性，本田汽车则更侧重于宣传其低油耗的特点，这些都是典型的告知型广告。另外，肯德基会根据应季食材和热门节日推出新的菜品，每一次新品推出的时候都会大量应用告知型广告进行宣传。

2. 说服型广告

说服型广告主要应对的是竞争环境，广告中通过与竞争品牌或竞争产品在不同属性上的比较，来说服消费者更加喜欢和偏好自己的产品。比较典型的例子是高露洁的牙膏广告，通过某牙科专家的科学比较和现身说法来向消费者宣传其牙膏产品在坚固牙齿功能上优于其他品牌。另一个典型例子是汰渍洗衣粉的广告，通过扮演家庭主妇的角色比较汰渍和其他品牌洗衣粉的使用体验来宣传汰渍洗衣粉具有更强的去污能力。

3. 提醒型广告

提醒型广告的主要目标是维系消费者与商家间的长期关系，提醒消费者应该再次购买其产品。这种广告在重复性购买产品中常用，例如作为世界最知名的碳酸饮料品牌，可口可乐每年仍然会花费巨额的广告费用，目的就是提醒消费者重复购买。另外，每年春节前夕，脑白金、小罐茶、三只松鼠等礼品型产品也斥巨资投放提醒型广告。

同样，价格促销也具有不同的任务目标，主要包括：

1. 价格调整

价格促销最直接也最直观的目标就是对产品的原有价格进行调整，根据价格调整的具体情况又可以分为被动价格调整和主动价

格调整。首先，被动调整就是对初始设定过高的价格进行调整，这个任务目标也是在实践中最常见的。此时，价格促销并不是商家主动的策略性行为，而是对不合理定价的一种调整行为，因此我们称之为被动价格调整。在营销实践中，市场需求总是处于波动过程，商家只能通过市场调研或前期销售数据对未来的需求进行分析与评估，并基于这个需求评估对其产品进行定价。如果商家的前期市场调研做得不够完善而得出过于乐观的评估，或市场的真实需求正好处于波动的低谷时，市场需求则低于商家的预计，进而导致原本的产品定价显得过高，商家利益受损。此时，价格促销为商家提供了一个在维持初始定价不变的前提下间接降价的工具。之所以使用这个间接降价工具，而不直接在产品定价上进行调整，主要出于以下几点原因：首先，价格是一个相对长期的策略，要保持一定的稳定性，经常性地进行价格调整，尤其是幅度较大的调整会让消费者认为此商家定价过于随意，影响商家的声誉。其次，直接的产品降价会给市场传递消极的信号，让消费者对产品质量产生负面评价。最后，价格上升所导致的需求抑制作用要明显高于促销终止而导致的需求抑制作用，当未来市场需求由于波动上升时，商家将价格促销终止即可，而不必调高产品价格。

除了上面介绍的被动价格调整，很多情况下商家还会主动使用价格折扣，此时的价格促销上升为一种策略性的定价手段，也就是说在产品定价的时候已经将价格折扣决策考虑在内了，而不是在需求疲软时的被动应对行为。例如，前文提到的购物返利就是一种典型的主动价格调整。一方面，购物返利可以帮助商家在价格敏感度低且时间价值较高的消费者和价格敏感度高且时间价值不高的消费者之间实现价格歧视；另一方面，购物返利又会影响产品的定价，一般来说会提升产品的销售价格。此时，价格返利已经不再是被动的促销行为了，而是贯穿于商家整体定价策略的主动决策。

2. 加快市场渗透

在将新产品，尤其是复购型或者具有强网络外部性[①]的新产品推向市场时，商家需要迅速渗透市场，扩大产品的市场认可度和影响力。在这种情况下使用价格促销，一方面商家可以快速吸引市场的关注，因为一般来说，相较于产品广告宣传，消费者对于促销信息更敏感；另一方面，价格促销作为实际优惠，也会刺激消费者的初次购买，有利于口碑的快速积累与传播。

3. 清空积压库存

当商家面临滞销的积压产品，或者为了新产品的上市而需要清空旧产品的库存时，价格促销也是一个常用的工具。此时，短期利润的优化不再是商家的主要目标，其主要目标是通过快速售出积压或过时产品，为更具获利能力的新产品腾出足够的库存和货架空间。因此，短期内价格促销不一定会带来利润的上升，甚至会导致亏损，但长期来看商家可以通过新产品的销售获利。

4. 建立竞争优势

竞争每时每刻都在进行，是每个商家的营销实践中都需要面对的重要外部环境因素。商家间的市场竞争几乎涉及包括产品、渠道、广告、价格和人员等营销决策相关的所有方面。其中，价格竞争是发生频率最高，也是消费者体验最直接的一种竞争。如前文中所述，价格促销是在维持初始定价不变的前提下，实现短期间接降价的重要工具。通过价格促销，商家可以应对来自竞争对手的价格战，或者主动发起价格战，用以建立及保持竞争优势。除此之外，消费者的忠诚度也是商家建立其竞争优势的重要组成部分，合理地选择价格促销工具也可以帮助商家提升其市场的影响力与消费者的忠诚度。

---

① 网络外部性指消费者通过产品和服务所获得效用随着使用人数的增加而增加。例如，网络游戏就是一个强网络外部性的产品，随着使用人数的增加，人们在游戏中的玩伴数量，以及与游戏玩伴的交互广度和频率都会增加，进而此游戏带给每个消费者的效用（游戏体验、娱乐感和社交感）就会增加。耐用品很多时候也具有网络外部性，因为随着使用人数的增加，生产商会建立更多的售后服务网点，消费者的售后服务更加方便，由此带来的效用就会增加。

以上详细介绍并分析了广告和价格促销的核心目标和任务目标，下面将主要分析在应用这两种促销方式时，商家需要考虑的主要影响因素与决策变量。

四、促销策略的主要影响因素与决策变量

首先，与广告策略相关的决策变量包括五个主要维度：广告的目标、广告的预算、广告的发布渠道及排期、广告的内容设计以及广告效果的测量。其中，广告的目标在上一节中已经做了详细介绍，因此这里主要关注广告决策的后四个维度。

1. 广告的预算

近些年来，随着广告渠道与媒体形式的多元化发展，广告在商家的品牌与产品宣传活动中变得越来越重要，广告的支出以及在商家的总支出中的占比也越来越高。如何制定合理且充足的广告预算对于商家品牌资产的建立以及未来市场销售表现都尤为重要，尤其是很多商家的全年广告预算需要在年初就制定好，这更需要在制定预算时考虑得足够周全与细致。

一般来说，影响广告预算的主要因素包括以下四个：

（1）商家运营的产品所属的生命周期阶段。产品的生命周期主要包括进入期、成长期、成熟期和衰退期。对于处于进入期和成长期的产品来说，由于其未来市场销售潜力较大，须投入更多的广告支出；而对于处于成熟期和衰退期的产品来说，由于其已经接近生命周期的末端，广告支出的额度及占比则需要策略性地降低。同时，对于那些生命周期较短且更新换代较快的产品来说，由于其获利时间窗口较短，商家应在其生命周期内加大广告支出，迅速渗透市场。

（2）商家运营的产品的相对市场份额及市场容量。对于那些市场份额较高，或者市场整体容量较低的产品，其广告支出应适当降低；而对于那些市场份额还较低，但整体市场容量较高或成长性较好的产品来说，其未来潜力较大，应提高其广告支出。

(3) 市场竞争情况。在竞争者较多的市场环境下，商家为了维持其相对竞争地位与优势，应加大广告支出；反之则应减少其广告支出。

(4) 产品可替代性。产品可替代性指向的是品类外产品对该产品的竞争，例如共享单车对出租车行业来说就是替代性很强的产品，尤其是在短途出行以及公共交通接驳的需求上。当产品可替代性较高的时候，商家应通过适当提高广告支出来宣传并强化其产品相较于替代品的差异性。

2. 广告的发布渠道及排期

前文中介绍过，广告的发布渠道包括电视、广播、报纸杂志等传统媒体，也包括互联网为主要载体的新媒体。发布渠道选择的主要影响因素包括曝光率、曝光频率以及渠道影响力。曝光率主要指在单位时间内（例如单日内）该媒体可以将广告向多少不同的广告受众曝光至少一次；曝光频率代表单位时间内，每个广告受众接收到广告曝光的平均次数；渠道影响力代表在该媒体曝光的广告对于广告受众的认知反应及后续购买行为的影响程度。例如，发布在央视媒体的广告产生的影响力就要高于地方电视媒体。一般来说，曝光率、曝光频率和影响力高的媒体渠道其广告成本也必然高。因此，商家应权衡其广告目标和广告预算后选择最适合的媒体渠道。另外，在选择媒体时，商家还需要考虑广告的排期问题，决策到底是集中发布、连续发布还是间歇性发布其广告。

3. 广告的内容设计

广告的内容设计主要指广告所要传达的主要信息，以及这些信息的传递方式，或者说是广告创意。商家应综合考虑产品的核心优势、广告受众的特性，以及广告发布渠道的属性，选择最匹配的广告内容。一般来说，广告创意的主要方式包括：

(1) 描述一个生活片段。以生活片段的方式来设计广告内容是一种常用的方式，尤其对于复购性较强的普通日用品来说。例如汰渍洗衣粉的广告一般都是以家庭主妇日常给家人洗衣服这个生活片段为主要创意。

（2）刻画一种生活方式。不同于生活片段，生活方式主要突出的是人们生活中的典型特征，以传递价值观、态度和风格为主要目的。例如芝华士的经典广告词“芝华士，活出骑士风范”就描述了一种远离世俗、敢于冒险、以尊严以及荣誉为目标的生活方式。另外，耐克的“Just do it”也是对积极生活态度和方式的刻画与渲染。

（3）使用科幻或幻想元素。广告创意中还经常会加入外星人、机器人、外太空科技和神话人物等元素作为主要人物或叙事背景，这种广告创意方式对于科技含量较高的产品来说是非常有效的。例如，三星 Galaxy 手机经典的足球明星对抗外星足球运动员拯救地球的广告就是基于科幻和幻想元素的成功创意。

（4）使用幽默元素或桥段。幽默是人们最乐于接受的一种沟通方式，也是人与人之间迅速建立信任关系的有效手段之一。广告中，幽默搞笑的人物设定或以幽默的方式叙事，可以让消费者在轻松欢乐的情绪下接收产品和品牌所传递的信息，并与其建立积极的心理联系。例如图 1－2 中的平面广告就成功地使用了幽默元素。广告中，两头牛在公告牌上写上“Eat Mor Chickin”，让大家多吃鸡肉，潜台词是少吃牛肉，而且英语拼写还是错的，更增强了这则广告的幽默感。这则广告的广告主是一家名为福来鸡（Chick-fil-A）的鸡肉三明治连锁店。

图 1－2　某平面广告

资料来源：图片来自网络。

（5）渲染情绪。情绪是一种心理状态，受到人的主观认知和感知外界环境的综合影响。积极的情绪包括喜悦、感激、兴趣、希望、敬畏等形式。广告中，通过对文字、图片、音乐和叙事方法和内容等方面的设计，可以将消费者的心理状态调节到积极的情绪中。营销界一个非常著名的案例是戴比尔斯的经典广告语“钻石恒久远，一颗永流传”，广告通过短短的10个字将钻石与爱情这一永恒的话题紧密联系起来，把钻石的价值升华到持久的爱情的层面，激发了消费者对钻石的积极情绪。另外，2019年著名歌手吴青峰以其流行单曲《巴别塔庆典》为背景音乐为别克昂科拉GX的电视广告创作了主题曲，通过欢快的音乐节奏渲染该品牌主打与宣扬的不负年轻的主旨。

（6）使用美丽的图像或美妙的音乐。人们对于名山大川的景色、浩瀚的星空、美丽的人物，还有起伏张弛的音乐节奏等具有天生的好感，也会产生心理上的愉悦。根据经典的条件反射理论，当产品和品牌与这些能激发好感的因素在广告中同时出现且反复曝光时，消费者会将这些好感投射到广告中的产品和品牌上，进而产生积极的后续购买行为。广告中普遍使用的健康、性感和时尚的美女和帅哥作为代言人应用的就是这种创意方式。

（7）使用卡通人物。卡通人物的使用多见于面向幼儿或年轻消费者群体的广告中。例如，M&M糖果、迪士尼乐园广告等都属于卡通人物的使用。

（8）使用高科技或科学事实元素。在广告中加入科学元素是提升广告内容的可信度与真实性的重要手段。由于科学技术本身的严谨性与客观性，消费者会更愿意采信广告中所宣传的内容。例如，小罐茶在2019年推出的一系列广告中就大量地使用了科学事实元素。广告内容从茶叶的选种、种植、制作、包装以及茶具的设计与使用等方面，对小罐茶的工艺流程及其背后的科学依据进行了完整的介绍与说明，以突出和宣扬小罐茶与其他茶叶品牌的差异。

（9）代言人推荐与现身说法。代言人是广告中最常用的创意方式，几乎所有知名品牌都有代言人，作为其品牌形象及品牌个性的宣传。

4. 广告效果的测量

如前文（促销的目标）中所述，对于效果广告，商家可以做到实时观测每个受众的点击、关注或购买等行为，进而根据对这些行为指标的衡量，对广告的效果进行实时评估。然而，对于以传统媒体为主要渠道的品牌广告，广告效果的测量比较困难。一般来说，品牌广告的效果是通过对样本小组的广告观看反馈进行前测，或广告后的受众样本电话回访来测量的。

与广告类似，价格促销相关的决策变量也包括四个主要维度：促销的目标、促销工具的选择、促销方案的制定，以及促销效果的评估。前文中已经对促销的目标进行过详细介绍，且促销效果的评估可以直观地反映在商家的销售数据中，因此这里重点介绍促销的工具选择和促销方案的制定这两个决策。

1. 促销的工具的选择

如前文所述，促销的主要目标包括：价格调整、加快市场渗透、清空积压库存和建立竞争优势，商家应根据不同的促销目标，选择最适合的促销工具。下面就根据每一个促销目标具体分析与其对应的促销工具。

（1）价格调整。当促销的目标是通过对产品价格的合理调整实现商家利润的优化时，商家需要让消费者直接快速地体验到价格的下降。此时，建议商家选择如下的促销工具：优惠券、折扣销售和购物返利。

（2）加快市场渗透。由于加快市场渗透的目的在于为新产品打开局面，而不是促销过程中利润的最大化，因此建议商家选择免费样品与试用、赠品与奖品、优惠券以及购物返利这几种促销工具。之所以不建议选择折扣销售主要由于产品标价的直接折扣会给消费者带来该产品质量不佳、销售不畅等感受，影响新产品在消费者认知中的品牌形象，进而影响其未来的销售表现。

（3）清空积压库存。由于商家需要快速售出积压或过时产品，为更具获利能力的新产品腾出足够的库存和货架空间，此时我们建议商家选择优惠券、折扣销售和购物返利这三种最直接的价格促销手段。

（4）建立竞争优势。在价格竞争的情况下，商家可以选择优惠券、折扣销售和购物返利这三种价格促销手段。而如果商家希望竞争其市场影响力和消费者忠诚度，那么我们建议选择积分兑换和节假日降价销售这两种工具。因为积分兑换是客户关系管理中建立消费者与商家长期关系的重要方式，而节假日是消费者购物的高峰时段，影响力最大。

2. 促销方案的制定

在制定促销方案时，商家的主要决策包括促销的广度、促销的深度、促销期的长度、促销的频率，同时还应考虑到竞争对手对于其促销策略的反应。

（1）促销的广度。促销的广度主要指促销所针对的消费者人群的范围，主要包括地理范围以及市场细分的范围。不同于广泛传播的广告，价格促销在物理空间上受到较大的限制，尤其是在线下的情境下。例如，线下零售商进行的价格促销只能在其所覆盖的门店中开展，无法延伸到其他零售商或其他非覆盖地域的市场。就算是全国性品牌的生产商，也很难做到无差别地将促销覆盖所有市场，因为执行过程中需要与各地的批发商或零售商协调与沟通，全覆盖的沟通成本与时间成本过高。除了地理范围，价格促销更需要考虑其在细分市场中的边界。在决策中，到底折扣应该针对忠诚消费者还是新消费者、重度使用者还是轻度使用者、高端消费者还是低端消费者、男性消费者还是女性消费者等等，这些问题的决策与促销的目标都是息息相关的。如果商家促销的目标是通过价格调整来优化利润，此时促销的对象应该是新消费者和低端消费者，通过吸引他们的购买来拉动需求。而如果促销的目标是清空积压库存，那最好针对重度使用者，因为这些消费者的购买需求最大，库存清空效

率最高。或者促销的目标是市场渗透，那最好针对新消费者以及口碑传播活跃度高的消费者。因此，商家在制定促销方案时，目标消费者人群的地理范围以及市场细分范围的选择是一个非常重要的决策维度。

（2）促销的深度。促销的深度，也称促销力度，主要指价格折扣的相对值与绝对值。例如我们常见的 9 折、减 30%等表示的是折扣的相对值；而立减 10 元则表示的是折扣的绝对值。到底应该打 8 折还是 7 折、应该立减 10 元还是立减 5 元并不是商家拍拍脑袋就可以回答的，而是需要根据市场情况和促销目标来综合决策。市场上消费者对不同产品的支付意愿是不同的，这主要受到消费者支付能力及对产品的了解与偏好程度不同的影响。因此，对于商家的产品，有些消费者的支付意愿高，而有些消费者的支付意愿则低。一方面，如果促销深度过大，就会出现严重的搭便车效应，也就是那些在没有促销时也会以原价购买的支付意愿高的消费者享受了更多的促销优惠。同时，过高的折扣水平也会导致消费者的囤积行为，损害商家未来的销售。另一方面，如果促销深度过小，无法有效地实现对支付意愿低的消费者的购买刺激。基于此，综合考虑市场中消费者在支付意愿上的异质性，商家可以设定一个最优的促销深度。同时，在主动价格调整策略下，促销深度还会影响商家对产品的初始定价。直观上，我们会认为当进行价格促销时，商家应该提高其产品的价格。然而，研究表明，当考虑消费者在促销兑现成本上的异质性时，产品的价格并不一定随着价格促销的使用而上升，尤其是在异质性较大的情况下，商家反而应该在使用价格促销的同时降低产品的销售价格。

除了折扣与价格之间的考虑，促销深度的影响也存在于消费者的心理层面。过高的促销深度往往会让消费者对于产品质量和售后服务产生怀疑与顾虑，同时也会引起消费者下调其对产品本身生产成本的评估，进而对商家的声誉和长期销售产生负面影响。最后，过高的促销深度还会引起竞争对手的激烈反应，有时会成为价格战的导火索，最终导致“双输”结果。

（3）促销期的长度。促销作为暂时性的产品价格调整，是具有一定的时效性的，也就是说促销状态应该是一个有始有终的过程。促销的持续时长与促销的频率共同组成了价格促销的动态决策。在现实生活中，几乎所有的价格促销活动都有一个给定有效期。例如，超市的价格促销广告宣传册一般都会注明促销有效期的起止时间；另外，一般的优惠券或代金券也都会标注有效期，并说明此券过期作废。直观上，促销期的长度貌似与商家的促销目标之间没有直接的关系，并不像是一个重要的决策因素，但实际上在面对消费者的促销活动中，促销期的长短直接影响了消费者使用或兑付促销的行为，这一点对于优惠券、积分兑换和购物返利促销来说尤为重要。这主要因为消费者的促销兑换行为依附于其购物行为，而购物行为本身是需要消耗时间与精力资源的，消费者并不是每时每刻都处于购物模式。日常生活中，消费者的时间与精力是被有计划地分配到工作、学习、家庭生活、社交、娱乐及购物等活动中的。在周末，他们更可能分配足够的时间与精力去购物。同样，当工作或家庭任务较忙的时候，他们去购物的可能性也会比较低。因此，如果促销的有效期较长，消费者可以有更多的机会寻找到最适合的购物时机，进而在购物过程中兑付促销。然而，较长的促销期也会给商家带来弊端。一方面，这会导致更多的非目标消费者最终兑付了促销，也就是前面所述的搭便车效应，进而损害商家的利润；另一方面，当消费者有更长的时间去寻找和等待最佳购物时机，他们很可能会遗忘掉商家的促销活动，或者将优惠券和购物返利券等促销凭证丢失，这反而会导致促销的最终兑付数量下降。根据以上讨论，我们知道选择一个最合理有效的促销期对于商家来说也是一个非常重要的决策。

（4）促销的频率。促销的频率指的是在单位时间内商家发起的价格促销的平均次数，如每周一次，或每月两次促销。举例来说，麦当劳和肯德基基本上每周都会推出新的促销活动并且分发优惠手

册，其促销频率就是每周一次。而耐用品的促销频率则相对低得多，一般都是选择每年几个重要的节假日来进行促销活动。与促销期的长度类似，促销频率的高低对商家来说也是一把双刃剑。过高的促销频率会显著降低消费者对产品的参考价格的判断，进而降低他们对产品的感知质量，导致他们认为这个产品的合理价格就是促销价格。因此，消费者会策略性地安排其购买该产品的频率，只在促销的时候进行购买，甚至进行囤积性购买。在非促销时期，消费者对该产品的购买意愿就会降低，转而选择购买其他品牌的产品。长此以往，消费者的品牌忠诚度以及商家的品牌资产都会受到损害。反之，如果促销的频率过低，商家品牌的市场曝光率过低，很可能无法实现其促销的目标。因此，选择最优的促销频率也是一个非常关键的决策。

通过以上分析，我们不难看出促销的广度、促销的深度、促销期的长度、促销的频率之间并不是静态的割裂的关系，而是动态相关又互相影响的关系。因此，商家在制定其促销方案时，必须以动态的交互的视角综合考虑这些决策因素。同时，包括生产商、批发商、零售商、消费者以及竞争对手在内的不同的角色在整个促销过程中均会从自身利益最大化的考虑出发来制定其行动策略，而且每个角色的行为又会反过来影响其他利益相关方的行动策略，因此促销方案的制定过程的复杂程度不言而喻。近几十年来，促销一直是业界和学界共同关注的话题，学者们也进行了大量的研究，从实践和学术的角度分别总结和提炼了一些经验和规则，也提出了新的问题和挑战。下面两节中我们就对这些促销相关的经验与规律、问题和挑战进行系统的归纳与总结。

五、促销相关的经验与规律

这一节中，我们将基于前人的实践与研究，对与促销相关的主要经验与规律进行简单的介绍与总结。

1. 市场占有率高的品牌的促销弹性低于市场占有率低的品牌

促销弹性指的是单位比例的降价所能刺激的需求上升的比例。这个结论的主要原因在于市场占有率高的品牌其本身的需求基准就高，因此促销所能刺激的新需求要低于市场占有率低的品牌，进而导致较低的促销弹性低。这一结论的另一个重要推论就是，市场占有率高的品牌单位比例的降价导致的市场占有率低的品牌的市场份额的下降比例要低于市场占有率低的品牌单位比例的降价导致的市场占有率高的品牌的市场份额的下降。简单来说就是市场占有率高的品牌的交叉弹性要低于市场占有率低的品牌。

2. 促销频率会降低促销弹性

如前文所述，促销频率过高会导致较低的产品的感知质量、购买意愿、品牌忠诚度以及商家的品牌资产。这些指标的下降会降低消费者对商家促销的反馈强度，进而导致较低的促销弹性。

3. 促销过程中的损耗

在推式促销中促销的力度在向下游传导的过程中会被损耗，而在拉式促销中市场需求信号的反向传递过程中也会产生损耗。

4. 广告与价格促销之间存在正向交互作用

简单来说就是，商家在进行价格促销时，如果同时辅以对促销信息的广告宣传，促销对需求的刺激效果则更好。

5. 广告与价格促销会提升目标产品的互补品与次级竞品的销量

对互补品销售的提升比较好理解，也就是促销会导致目标产品的销量上升，而由于互补品的消费与目标产品的消费存在正向相关，因此互补品的销量也会随之上升。例如，当面包销量上升时，作为互补品的牛奶的销量也会上升。但是，广告与价格促销对于次级竞品销量的提升的理解却要稍微复杂一些。竞品就是两种产品具有类似的功能，满足消费者相同的需求，例如牛栏山二锅头与红星二锅头、光明牛奶与伊利牛奶等。次级竞品就是在质量上低于目标产品的竞品。这个结论的机制在于，目标产品通过广告与价格促销刺激了新消费者的购买意愿，这些消费者在购买过程中仍然会了解和比

较目标产品的竞品来确认这个促销是否值得购买。在这个过程中，有些支付能力较低的消费者发现他们没有能力购买目标产品，转而购买了价格较低的次级竞品，进而导致其销量的上升，也就是广告和促销的效果溢出到了这些竞品中。举例来说，哈根达斯冰激凌进行年中大促，通过广告和价格促销吸引了很多消费者来到超市购买，然而其中有些人在进行产品比较的过程中发现哈根达斯虽然打了折扣，价格还是难以承受，且性价比没有八喜冰激凌高。权衡再三，这些消费者中的一部分最终转而买了八喜冰激凌。

6. 促销的价格弹性高于产品降价的价格弹性

这条规律说明降价如果是以促销的方式进行的，其单位比例的降价所能刺激的需求上升的比例要高于直接降价的方式。这个规律在前文中也做过介绍和说明。

7. 产品销量在价格促销期的前后有可能会下降

这条规律的主要原因是，当消费者预计到或已被宣传告知商家未来要进行促销活动时，他们会策略性地抑制当下的购买行为，等待产品促销时再集中购买。例如，在每年的京东 6·18 或天猫双十一之前，大概率下消费者是不会选择购买，而只会搜索和比较目标产品的相关信息，等待促销期再购买。而对于非易逝性复购产品（例如，卫生纸、洗衣液等）来说，消费者会在促销期超量购买并囤积，这种囤积行为会导致促销期后的一段时间内的销量疲软。实际上，在以上两种情况中，第一种情况是将过去的销量转移到了促销期，而后一种情况是将未来的销量提前透支到了促销期。这一点是商家在进行促销决策，以及进行促销效果评估的时候尤其需要注意的。

六、促销相关的问题和挑战

除了上一节中介绍的经验与规律，当下的促销理论与实践仍面临很多问题与挑战。在这一节中我们将主要介绍价格促销决策中的两个待解决的关键难题，这也是本书后面两章要着重分析和解释的内容。

1. 价格促销深度决策与促销排期决策之间的动态影响机制

动态价格促销策略，直观来看包含两个层面的决策：价格促销深度（促销力度）的决策与促销的动态排期决策。在很多传统的研究中，学者是将这两个方面分割开来进行研究的，而我们则将这两者统一在商家的营销目标框架内进行研究。换句话说，我们认为促销的深度决策与促销的动态排期决策之间是存在互相影响的，商家的价格促销策略应该是一个包含对这两个维度的考虑的整体策略，而不应该是独立的割裂的决策。在现实的营销实践中，一个比较有趣的体会是，经常打折的产品每次价格促销的深度都不大，反之打折频率比较低的产品在打折期的价格促销深度却往往比较大。例如，Alba 等学者在 1999 年的研究中发现两个同水平竞争的洗发水产品，打折频率高的品牌每次的让利幅度要低于打折频率低的品牌。另外，全球最大的零售商沃尔玛采用的是每日低价策略，也就是说沃尔玛所销售的产品每天都处于打折状态。而那些打折频率远远低于沃尔玛的其他线上与线下零售商的产品在打折时的价格往往低于沃尔玛的销售价格，或者说它们的促销深度反而会高于沃尔玛。这说明，价格促销的深度与频率会同时影响消费者的感知与购买意愿，进而影响消费者的购买决策（江明华与董伟民，2003）。

在针对这个问题的研究中，我们希望从理论上剖析价格促销的深度与频率是如何共同影响消费者的认知与购买行为的。只有了解了两者对消费者行为影响的内在机制与原理，我们才能对市场中的价格促销活动进行合理的解释，进而指导商家的价格促销策略的优化。在研究中，我们将从消费者的学习与遗忘两个方面来对这一机制与原理进行解读。这里的学习表示的是由于促销所吸引的消费者对促销目标产品在消费过程中的感知，而遗忘表示的是消费者对上述学习过程中所获得的感知随时间的淡忘过程。直观上来说，促销的深度主要会影响消费者的学习过程，促销深度越大，参与学习的消费者就会越多，消费者的感知可能会越深。另一方面，促销的频率主要会影响消费者的遗忘过程。频繁的促销会使消费者对上次促销的活动及促销活动中对产品的学习保有足够的认知，进而会降低下次促销的效果，并且会使消费者产生对下次促销的预期，而过于稀少的促销可能又无法实现商家的营销目标。因此，我们认为消费者的学习与遗忘这两个维度是解读价格促销的深度与频率的合理的切入点。

现实的营销实践中，我们发现对于复购性产品，尤其是对于那些易逝的复购性产品，价格促销往往存在一个延滞效应。简单来说就是，商家会发现其销售额在促销期结束后并不是马上恢复其初始值，而是会经历一个逐渐退回初始状态的过程。这说明，一部分由于价格促销而进行体验购买的消费者会在促销结束后有一段延续的购买行为，称为跟随期。当经历了足够长的跟随期后，这部分消费者最终仍然会回到原始状态，也就是停止购买产品。这种延滞效应对于商家来说是好的，因为它提高了产品在恢复原价后一段时期的销售额。我们认为，产品的价格促销会吸引那些原本不是目标客户的消费者进行体验性购买。这些消费者中的一部分在尝试产品后，会学习并将其对产品的正向评价带到促销后阶段。根据水平理论(level theory，Oliver，1980)，当这些体验消费者在促销阶段发现产品的实际表现超出了他们的预期，体验到了与之前估计的正向不一致的时候，他们对这个产品的估值会产生暂时性增加。因此，在跟随期，虽然产品恢复原价，一部分体验消费者仍然会选择继续购买。在经过跟随期的多次使用体验后，这些体验消费者会调整（提升）其对目标产品的期望，从而导致产品体验所带来的正向不一致效用衰退，其对产品估值的暂时性增加也会随之衰退。当体验消费者的正向不一致效用经历了足够的衰退后，产品的销售额也会恢复其初始值。这就是消费者的学习过程。随后，由于产品恢复原价，在经历了足够的跟随期后，这些消费者停止购买产品，这些经历过学习过程的体验消费者将进入遗忘阶段。在这个阶段，这些消费者慢慢忘记他们上一次对此产品的消费体验，对于此产品的预期的修正也会慢慢消失。当消费者经历了充分的遗忘后，此时如果商家对该产品再次进行价格促销，那么这些消费者会再次购买，并且重复学习过程。商家也会再次从延滞效应中获得更高的利润。我们认为，通过合理制定产品的价格、促销周期和促销深度，商家可以优化并提高其利润。**过于频繁的促销会导致消费者没有实现充分的遗忘，而降低促销的效果；促销频率过低也会降低促销的长期获利能力，即时间效率（例如，一年两次促销会比一年一次促销给商家带来更多的额外利润）**。本研究的研究框架还可以推广到当商家运营由多个产品组成的产品线的情况，此时通过优化产品线中高端产品的价格促销策略来周期性地吸引其产品线中的低端产品的消费者，商家也可以获得更高的利润。目前来看，由于网购市场竞争非常激烈，为了存活，频繁的价格折扣促销成了竞争的主旋律，也导致部分消费者对网购的惯性定位就是低价和库存清理。这个现象从我们的研究框架分析就是因为消费者都已经学习到了网购市场上低价的常规属性，而商家又都没有给时间让消费者遗忘，从而只会导致恶性循环。以1号店为例。1号店是中国首家自营生鲜的综合性电商，类似于生活超市。1号店的生鲜食品由两种商家提供，一种是1号店自营的1号生鲜，即1号店的自有品牌；一种是入住商家，如鲜之优果、都乐等。1号生鲜中的产品定位分为两种，一种是高端产品；一种是实惠产品。实惠的生鲜产品的性价比是最吸引用户的地方；而高端产品则需要1号生鲜利用自己的优势资源，打造满足高端市场需求的产品品牌。所以，1号店应该针对1号生鲜中比较高端的产品进行阶段性的促销。促销一段时间后要留出较长时间让消费者遗忘上次低价购买的体验，这样新一轮的促销循环才能达到应有的效果。在进行第一次促销时，可以分析用户在促销前后一段时期内购买行为的变化，由此来推断顾客的“遗忘曲线”性质，再设计新一轮的促销循环。当然，即使在1号店上没有其他入驻商家进行同类别产品的竞争，也可能有来自其他购物平台的品牌产品竞争，这个时候需要将其价格信息给消费者带来的影响考虑进去再决定促销循环的实施。总的来说，一个阶段的促销是为了让消费者获得超出预期的购物体验，然后会在恢复原价的一定时期内有跟随行为，继续购买高端产品，商家因此获得利润。因此零售商进行促销不单单是为了吸引顾客在促销时期购买，更重要的是得到顾客的认可，让其继续在跟随期购买。这两个阶段的掌握，在初始时期可以跟踪客户的购买数据，分析促销带来的影响程度与跟随期的长度及转换产品购买者的比例，根据这些数据进行下一步的分析。过了这段跟随期，从实惠产品购买者转变过来的消费者会结束转变过程，继续购买实惠产品，由此商家希望通过促销带来的效果结束。此时商家便可依据掌握的消费者数据设计新一轮的促销循环周期。

基于以上讨论，我们在此部分研究中将主要解决以下几个核心问题：

（1）消费者的学习与遗忘是否可以作为关键变量来解释动态价格促销的实践？

（2）消费者的学习与遗忘在价格促销情境中的过程与机制是什么？

（3）基于消费者的学习与遗忘行为，商家如何优化动态价格促销中促销频率与价格促销深度的决策？

（4）策略性的动态价格促销是否会影响商家产品价格的长期定价策略？

（5）是否可以将动态价格促销的策略应用于商家运营的由多个产品组成的产品线的情境中？

（6）在产品线的情境中，商家又应该如何应用动态价格促销策略？

（7）动态促销实践是否一定提高社会福利，是不是商家与消费者双赢的策略？

2. 在动态促销的框架下，优惠券有效期和面值对消费者兑换行为和商家盈利能力的影响

促销的动态排期决策除了上文中介绍的促销频率的考虑，还包括另一个维度上的意义，那就是产品促销期长度的决策。促销作为暂时性的产品价格调整，是具有一定的时效性的，也就是说促销状态应该是一个有始有终的过程。促销的持续时长与促销的频率共同组成了价格促销的动态决策。在现实生活中，几乎所有的价格促销活动都有一个给定有效期。例如，超市的价格促销广告宣传册一般都会注明促销有效期的起止时间；另外，一般的优惠券或代金券也都会标注有效期，并说明此券过期作废。当然，我们也不排除有些优惠券是长期有效的，或者说其有效期是无限时长。在一篇非常著名的发表于国际顶级营销杂志 *Journal of Marketing Research* 的文章中，Inman 与 McAlister 发现了一个非常违反直觉的现象，那就是在有些产品类别（快速消费品）中，优惠券的有效期越长，最终被消费者兑现（使用优惠券）的比例反而越低。他们还发现随时间推移优惠券兑现数量呈现 U 形模式，也就是说在打折的初期和末期优惠券的兑现比例要高于打折的中期。其实，在我们的教学工作中也发现过类似的情况，比如给学生留的作业完成时间越长，按时交作业的同学比例会越低。这些有趣的现象同样需要我们从消费者对价格折扣的认知的角度去解读，并运用于商家的动态价格促销决策的优化中。

在后面的详细论述中，我们将解读为什么在有些产品类别（快速消费品）中，优惠券的有效期越长，最终被消费者兑现（使用优惠券）的比例反而越低这个有趣的现象。我们还将尝试在这个框架内对随时间推移优惠券兑现数量呈 U 形模式的现象进行相应的分析。在这里我们仍然考虑将消费者的遗忘作为一个主要的解释变量，同时还将引入优惠券兑现成本这一新的概念作为另一个解释变量。不同于上文中的遗忘，这里的遗忘主要是指消费者会随着时间流逝对商家的价格促销活动发生遗忘或将优惠券遗忘（丢失），而优惠券的兑现成本则包括时间、脑力和金钱等在内的为了实现兑现消费者所要承担的成本。我们希望通过对以上两个维度的变量的分析，对优惠券兑现过程中违反直觉的现象作出合理的解释。

基于以上讨论，我们在此部分研究中将主要解决以下几个核心问题：

（1）消费者对促销活动的遗忘行为及促销兑现成本这两个因素如何影响其对价格促销的兑现决策与行为？

（2）在哪些条件下，优惠券的有效期越长，最终被消费者兑现的比例反而越低？哪些条件下则不会发生？

（3）随时间推移优惠券兑现数量呈 U 形模式的现象应如何解释？是否存在其他的兑现模式？

（4）商家如何根据消费者的价格促销兑现行为来优化其促销持续期的决策？

（5）在不同的价格促销持续期下，消费者剩余会如何变化？

以上就是本书后文中将展开分析的两个问题。当然，促销的内涵极其广泛，随着新技术和新营销模式的快速发展，促销领域中未解决或待解决的问题远不止以上两个。例如，笔者进行的另一项关于购物返利促销中"消费困难"的价格歧视机制的研究。这里给消费困难加上双引号是为了说明这种困难是一种策略性的困难，而不是由于技术、资源和竞争等因素所导致的消费者在购买过程中所面对的困难。在这个研究中我们希望探究商家是否可以通过对消费者的购买过程附加一定程度的"消费困难"来获得更高的利润。这种"消费困难"在现实营销实践中越来越常见，例如前文介绍的购物返利中，消费者要花费一定的时间和精力来查找、填写、邮寄返款表格，并要定时查看返利的审查进度；另外，在几乎所有的视频媒体平台（搜狐、优酷、腾讯、爱奇艺等）中，只有付费用户才可以流畅地观看完整视频，普通用户则不得不面对视频播放前几秒至几十秒的广告，或者只能看到视频的片段，这也给他们带来了一定程度的"消费困难"。在以上例子中，商家可以决策消费者需要承担的"消费困难"的程度，且这个程度的决策也会相应地影响消费者的购买决策。在面对这些"消费困难"的时候，消费者有三种选择：（1）不支付任何费用，承受这种"消费困难"；（2）通过支付一定的费用来避免“消费困难”；(3) 终止消费进程。

对于视频平台来说，“消费困难”程度太高，很多用户会流失掉，网站的访问量就会下降；“消费困难”程度太低，又会有过多的用户选择不支付费用进而导致网站收益下降。同样，在邮寄购物返利的设计上也存在这样的问题。如果返款表格设计或返利的过程过于复杂，消费者申请返利的意愿不会很强烈，购物返利作为一种促销刺激手段无法对潜在消费者形成足够的刺激；如果返款表格设计或返利的过程过于简单，又会有过多的用户选择申请返利进而导致商家收益下降。因此，在这个研究中我们将主要关注购物返利这一促销方式，解决以下几个问题：什么情况下在购物返利中引入“消费困难”会使商家获利？当“消费困难”是商家的最优选择时，商家应该如何设计“困难”的水平、购物返利的折扣深度以及产品的定价？对于集中式和分散式这两种不同的渠道结构，购物返利中引入“消费困难”的策略是否存在差别，又有哪些不同？哪些市场因素（包括生产成本、消费者对不同类型的“消费困难”的厌恶程度的异质性等）会影响“消费困难”及产品定价的策略，如何影响？

虽然上面这个关于策略化设计“消费困难”的研究属于价格促销理论的相关研究，但是由于其研究的框架主要是静态促销策略，与本书所要专门讨论的动态促销策略有所差别，因此在后文中就不再详细介绍与展开了。除此以外，对于其他与价格促销理论与实践相关的研究问题，由于本人研究专长和专业能力的限制，无法做到面面俱到，请读者见谅。

参考文献

[1] 韩睿，田志龙．促销类型对消费者感知及行为意向影响的研究．管理科学，2005，8 (2)：85-91.

[2] 郝辽钢，高充彦，贾建民．价格折扣呈现方式对促销效果影响的实证研究．管理世界，2008，(10)：106-114.

[3] 胡松，赵平，裘晓东. 价格促销对消费者品牌选择的影响研究. 中国管理科学，2007，15 (2)：134-140.

[4] 黄沛，李镓. Internet 给传统商务带来的变革. 中国软科学，1999，(11)：65-68.

[5] 江明华，董伟民. 价格促销频率对品牌资产的影响研究. 管理世界，2003，(7)：144-146.

[6] 金立印. 促销活动效果比较研究——诱因类型、获得时机和条件限制对促销效果的影响. 管理评论，2008，20 (8)：34-42.

[7] 肯特 · B. 罗门. 定价：创造利润的决策. 北京：中国财政经济出版社，2005.

[8] 王刊良. 数字化产品的经济特征、分类及其定价策略研究. 中国软科学，2002，(6)：58-63.

[9] 曾慧，郝辽钢，李永建. 平面广告促销信息对消费者影响的眼动研究. 计算机应用研究，2015，32 (6)：1720-1723.

[10] 张黎，范亭亭，王文博. 降价表述方式与消费者感知的降价幅度和购买意愿. 南开管理评论，2007，10 (3)：19-28.

[11] Ali A，Jolson M A，Darmon R Y. A model for optimizing the refund value in rebate promotions. Journal of Business Research，1994，29 (3)：239-245.

[12] Aydin G，Ziya S. Pricing promotional products under upselling. Manufacturing & Service Operations Management，2008，10 (3)：360-376.

[13] Blattberg R C，Briesch R，Fox E J. How promotions work. Marketing Science，2015，14 (3 _ supplement)：122-122.

[14] Blattberg R C，Eppen G D，Lieberman J. A theoretical and empirical evaluation of price deals for consumer nondurables. The Journal of Marketing，1981，45 (winter)：116-129.

[15] Bergemann D，Välimäki J. Dynamic pricing of new experience goods. Journal of Political Economy，2006，114 (4)：713-743.

[16] Breiter A, Huchzermeier A. Promotion planning and supply chain contracting in a high-low pricing environment. Production & Operations Management, 2014, 24 (2) : 219-236.

[17] Chen Y, Moorthy S, Zhang Z J. Research note-price discrimination after the purchase: rebates as state-dependent discounts. Management Science, 2005, 51 (7) : 1131-1140.

[18] Courty P, Li H. Timing of seasonal sales. The Journal of Business, 1999, 72 (4) : 545-572.

[19] Dodson J A, Tybout A M, Sternthal B. Impact of deals and deal retraction on brand switching. Journal of Marketing Research, 1978, 15 (2): 72-81.

[20] Freimer M, Horsky D. Try it, you will like it-does consumer learning lead to competitive price promotions?. Marketing Science, 2008, 27 (5) : 796-810.

[21] Gerstner E, Hess J D. A theory of channel price promotions. The American Economic Review, 1991, 81 (4): 872-886.

[22] Gupta S. Impact of sales promotions on when, what, and how much to buy. Journal of Marketing Research, 1988, 25 (November) : 342-355.

[23] Houston D A, Howe J S. An economic rationale for couponing. Journal of Business and Economics, 1985 (Quarterly): 37-50.

[24] Kotler P, Armstrong G. Principles of marketing (16th Global Edition). Pearson: 2013.

[25] Kuntner T, Teichert T. The scope of price promotion research: an informetric study. Journal of Business Research, 2015, 69 (8) : 2687-2696.

[26] Narasimhan C. A price discrimination theory of coupons. Marketing Science, 1984, 3 (2) : 128-147.

[27] Neslin S A, Henderson C, Quelch J. Consumer promotions and the acceleration of product purchases. Marketing Science, 1985, 4 (2) : 147-165.

[28] Parago. Rebate programs return more than $8 billion to US households, 2 June, https: //www. bhengagement. com/rebate-programs-return-more-than-8-billion-to-us-households/, accessed 7 March 2017.

[29] Schumacher H. Incentives through consumer learning about tastes. International Journal of Industrial Organization, 2014, 37: 170-177.

[30] Shin S, Misra S, Horsky D. Disentangling preferences and learning in brand choice models. Marketing Science, 2012, 31 (1) : 115-137.

[31] Shoemaker R W, Shoaf F R. Repeat rates of deal purchases. Journal of Advertising Research, 1977, 17 (2) : 47-53.

[32] Sinitsyn M. Managing price promotions within a product line. Marketing Science, 2015, 35 (2) : 304-318.

[33] Strang R A, Prentice R M, Clayton A G. The relationship between advertising and promotion in brand strategy. Marketing Science Institute, 1975.

[34] Tan P J, Bogomolova S. A descriptive analysis of consumer's price promotion literacy skills. International Journal of Retail & Distribution Management, 2016, 44 (12) : 1223-1244.

[35] Totten J C, Block M. Analyzing Sales Promotion: Text and Cases, Chicago, IL: Commerce Communications, 1987.

[36] Villas-Boas S B, Villas-Boas J M. Learning, forgetting, and sales. Management Science, 2008, 54 (11) : 1951-1960.

[37] Zhang Zelin, et al. Optimal depth and timing of price promotions in a vertically differentiated product line. Journal of Busi-

ness Research, 2018, 83: 215-228.

[38] Zhang Zelin, et al. A joint optimal model of pricing, rebate value, and redemption hassle. Forthcoming in Decision Sciences, 2019, 50 (5): 1060-1092.

[39] Zhang Zelin, Peter T L. Popkowski Leszczyc, Ma Minghui. The influence of coupon duration on consumer redemption behavior and brand profitability. European Journal of Operational Research, 2019, 281 (1): 114-128.

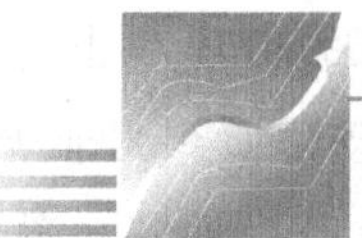

第 2 章

价格促销深度决策与促销排期决策之间的动态影响机制

本章摘要

当处于垄断地位的快消品零售商希望通过临时降价以促进某个产品的销售时，由于对处于同一产品线中其他产品的需求可能产生潜在影响，因此该决定很复杂。然而，只有有限的研究详细说明了垄断零售商应如何推广其不同质量的产品。为此，本章提出了一种新的模型，当高端产品的价格暂时降低时，消费者可以在产品线中从购买低端产品转向购买高端产品。根据这个模型，价格促销为低端产品的消费者提供了一个了解高端产品的机会。由于高端产品质量更高，会给消费者带来更好的使用体验与正向的心理冲击，他们中的一部分人会在随后价格促销结束后仍然选择继续购买。然而，随着对高质量产品的购买次数增多，这些消费者会调整对高质量产品表现的预期，进而导致所带来的心理冲击变弱，降低了他们继续购买的意愿。最终，这些消费者会回归到对低质量产品的购买。根据这个消费者从对高质量产品的体验、了解、熟悉、遗忘到最终回归低质量产品的动态过程，本研究确定了零售商的动态最优（利润最大化）产品线定价和促销策略，并分析了其对消费者福利产生的影响。与传统观点相反，我们发现使用动态促销策略并不一定会导致整体消费者福利的增加，有些情况下促销反而会导致消费者福利的降低。另外，在模型扩展中，我们还将动态促销的策略扩展到低端产品中，以促使非购买者的购买及其后续的持续购买行为。通过研究，我们发现通过使用动态促销策略，零售商的利润也会提高。

一、引言

价格促销是公司营销组合的重要元素，在研究和实践中引起了大量关注。上一章已经对其相关的背景知识与营销实践进行了详细介绍，这一章将就价格促销的动态决策这一问题进行详细介绍与论述。20 世纪 80 年代以来，许多学者和营销从业者在价格促销如何影响短期和长期的品牌选择、品牌销售或市场扩张等方面做了大量的研究（例如，Blattberg & Wisniewski，1989；Nijs，Dekimpe，Steenkamp & Hanssens，2001）。这些研究主要强调促销在水平竞争中的作用，但是在垂直竞争情境下，尤其是在考虑产品线中不同档次产品间的互相蚕食下的动态价格促销研究目前还比较缺乏。为方便读者阅读与理解，我们首先对水平竞争和垂直竞争的定义以及相关知识进行简单介绍。

水平竞争主要包括两个方面的含义，一方面指的是参与竞争的主体处于价值链的相同环节；另一方面指的是竞争主体所销售的产品和品牌在其产品线中处于相同的层级。理论界也把这种竞争称为水平差异化竞争。这里的水平差异化主要指处于竞争的产品或品牌在感知质量上不存在显著差异，差异性仅存在于包括颜色、花色、样式、口味、尺码、物理距离等因人而异的属性维度。例如，有些消费者更喜欢红色，一部分消费者更偏爱蓝色，不会所有人一致地认为红色比蓝色更好。在营销实践中，水平竞争无处不在，举例来说，处于同一商圈的物美超市和华润超市就是一种典型的水平竞争，因为这两个超市都属于价值链中的零售商环节，且两个超市所销售的产品与品牌均属于各自产品线的中低端。在消费者的感知中，两个超市之间并没有高低之分，决定其购买决策的更多的是物理距离、价格以及购买习惯等因素。除此以外，麦当劳和肯德基这两个品牌在地理位置选择、目标市场选择以及产品档次和价格上均具有较大重叠与相似度，它们之间的竞争也属于典型的水平竞争。同样，消费者对于两个快餐品牌也并没有一致的好恶，偏好鸡肉汉堡包的消费者会倾向于肯德基，而偏好牛肉汉堡包的消费者则会更喜欢麦当劳。根据以上分析，水平竞争从概念上来说，主要关注的是销售相同质量或面向相同消费者市场，且处于价值链相同环节的商家之间的竞争。此时，由于这些商家的目标市场具有一定的重叠，价格促销可以有效地帮助它们来争夺市场，或防御竞争对手的进攻行为。

除水平竞争外，价格促销在垂直竞争的情境下也是非常重要的竞争工具。与水平竞争类似，垂直竞争也包括两个方面的含义，一方面，垂直竞争指处于价值链不同环节的商家之间的竞争行为。例如，格力与苏宁大战就属于典型的垂直竞争，因为格力在价值链中扮演的是制造商的角色，苏宁则是价值链中的零售商角色。同理，批发商与制造商或零售商之间的竞争也属于垂直竞争。另一方面，垂直竞争还包括在同一产品线中处于不同档次的产品或品牌间的竞争，这种竞争又称垂直差异化竞争。不同于水平差异化，垂直差异化主要指产品或品牌间在某些属性上存在绝对的优劣，且消费者对于这一属性具有一致的好恶。举例来说，家乐福超市中会同时出售多种品牌的冰激凌，包括高端品牌的哈根达斯，中端品牌的和路雪，还有低端的大众品牌伊利、蒙牛等。由于原材料、生产工艺及品牌影响力的不同，消费者会一致地认为哈根达斯的质量要高于和路雪，和路雪的质量要好于伊利和蒙牛，在剔除价格因素的影响外，消费者都会偏好质量更好的产品。当然，在考虑了价格因素后，不同档次的品牌的目标消费者群体就会产生差异，购买力强的消费者会选择购买高端的哈根达斯，购买力较弱的消费者则会选择中低端的产品。这些品牌虽然面向的目标消费群体不同，但是由于其满足的消费者的基本需求完全一致，互为彼此的替代品，因此它们之间仍然存在相互竞争的关系，也就是垂直竞争。当然，现实营销环境中，竞争往往不仅仅是单一的水平或垂直竞争，很多时候是同时包括这两种模式的混合竞争。

由于前人对水平竞争环境下价格促销的机制与策略研究已经做了大量的工作，且为了保证研究的可操作性和简洁性，以及方便读者的理解，我们在后续的分析中将主要关注垂直竞争环境。同时，垂直竞争的第一个方面主要指的是渠道间的竞争，其主要诉求是渠道商之间的博弈与利益分配，因此价格促销在这个框架内以面向企业端的促销为主。而垂直竞争的第二个方面指的是品牌间的竞争，其主要诉求是不同档次品牌之间争夺消费者市场之间的竞争，此时价格促销以面向消费者的促销为主。因此，具体到垂直竞争的两个方面，我们的研究主要关注的是第二个方面的内涵，也就是在零售终端中不同档次品牌间的竞争。此时，这些产品间的垂直竞争主要体现在其对彼此目标市场的相互蚕食上。

一般来说，零售商对于其经营的商品拥有最终定价权，其定价的目标是利润最大化。但是，对于经营众多种类与不同档次的产品的零售商来说，实现利润最大化其实是一个非常复杂且困难的目标，到底是某个品类、某个品牌或某个产品的利润最大化，还是权衡所有产品的整体利润最大化是摆在零售商面前的现实问题。同时，同一产品线中的不同档次的产品还会互相蚕食彼此的市场，如果定价或者价格促销使用不当，其所影响的不仅仅是某个产品的销售与利

润，而是整个产品线的销售与利润。例如，当家乐福超市发现了和路雪冰激凌销量不佳时，决定通过价格促销的方式来刺激其销售。通过短时的价格促销，和路雪冰激凌的销量有了显著的提升，相关利润也获得了显著的增长，看似促销起到了作用。然而，价格促销所吸引的很可能是原本购买哈根达斯的消费者，进而导致哈根达斯的销量与利润的下降，此消彼长，当整体评估两个品牌的总利润时，家乐福的获利有可能反而下降了。因此，对于在一个产品线中销售多种不同档次产品的零售商来说，其所销售的产品之间也存在垂直竞争，在其为每个产品定价和设计价格促销时必须考虑产品线的整体利润，而不仅仅是个别产品或品牌的利润。除此以外，消费者对于价格促销的反馈也不是瞬时完成的，需要持续一段时间的动态过程，这主要因为这个过程中消费者往往要经历学习和遗忘这两个环节（Villas-Boas & Villas-Boas，2008），这使得价格促销的决策问题变得更加复杂。而且学习和遗忘行为的影响在快速消费品（CPG）情境下变得尤为突出，因为消费者会频繁复购这些产品并重复学习与遗忘的循环。但之前关于价格促销的文献对于这些因素的研究还很欠缺（Allender & Richards，2012），因此，综合考虑零售商的产品线整体利润最大化和消费者的动态反馈行为下，研究价格促销动态机制与策略，就是促销深度的决策与促销的排期决策之间的动态影响机制具有很强的理论价值与实践意义。

本研究采取与营销先驱学者 Moorthy & Png（1992）类似的研究框架，也就是我们在一个垄断零售商销售由高端和低端产品组成的产品线以满足不同消费者群体的情境下开展后续的模型分析。该零售商销售的产品为消费者会进行周期购买的快速消费品，且其最终目标是最大化其整体产品线利润，而不是任何单一产品的利润。为了实现整体利润的最大化，零售商需要制定高端和低端产品的价格以及相应动态价格促销决策（Basuroy，Mantrala & Walters，2001）。在后续的研究中，首先关注高端产品的定价与价格促销策略，其目标是通过价格促销将部分低端产品消费者暂时转化为高端产品消费者，进而实现整体利润的提升。在模型扩展中，我们还研究了将动态促销策略应用于低端产品的可能性，以便将非购买者暂时转化为低端产品的消费者。通过本文，我们将讨论4个主要的研究问题：

问题1：从静态的视角来看，当高端产品和低端产品的价格给定不变时，也就是价格为外生变量时，对于低端产品和高端产品的现有消费者，零售商是否可以通过对高端产品进行临时性的价格促销来获得额外利润？

问题2：从动态的角度来看，在多个销售周期内，当高端产品和低端产品的价格变为内生决策变量时，该零售商是否仍可以通过对高端产品进行周期性的价格促销来获得额外利润？此时，高端产品的最优定价、价格促销的最优深度与频率分别是怎样的？另外，相比于没有提供促销活动的基准策略，动态价格促销策略又会如何影响高端产品的定价？

问题3：如果根据问题1和2的分析，我们可以发现动态价格促销可以让零售商获得超额利润，那这种促销策略是否也可以让消费者获益？也就是消费者福利是否一定会上升？

问题4：如果该零售商选择将动态价格促销策略拓展到其低端产品中，是否仍然可以通过吸引非消费者的购买来获得超额利润？

为了更好地回答以上4个主要研究问题，在下一节中，将首先回顾有关零售价格促销的相关文献，并据此建立研究模型。然后，将具体研究并分析零售商产品线利润最大化模型，并就4个研究问题展开详细讨论与解答。同时，我们的模型分析为最佳产品线定价和高端（和低端）产品动态价格促销提供了多个具有理论意义与实践价值的命题。最后，总结结论、管理意义以及未来的研究方向。

二、文献综述

从20世纪80年代开始，营销学者开始关注价格促销的相关实践，并做了大量的研究。Narasimhan（1988）对竞争性价格促销策略进行了研究，他假设了两个竞争公司（双寡头垄断）模型，每个公司都有一个拥有垄断市场的品牌（忠诚的消费者），并在一个共同市场中彼此竞争。垄断市场中的消费者只会购买他们所忠诚的公司的产品，而共同市场中的非品牌忠诚消费者则会通过对产品价格的比较在两个公司的品牌间转换。在这种情况下，品牌转换者的行为推动了双寡头竞争下的均衡策略的实现，类似的研究结论在 Bawa & Shoemaker（1987）的文章中也被发现。Narasimhan（1988）详细说明了价格均衡背后的机制是，每个公司在进行价格促销时，一方面需要考虑在对手的定价策略下，促销所能从共同市场中争取的需求；另一方面还需要考虑其忠诚消费者由于以促销价购买而给公司带来的利润损失。其中第一个方面指向利润的上升，而第二个方面却指向利润的损失，这一正一反两方面的影响最终导致均衡促销策略的实现。该模型确定了品牌转换者的行为和忠诚消费者市场的规模如何决定两个竞争者提供的促销的适当深度和频率。虽然 Narasimhan（1988）的研究对促销的深度和频率决策进行了探索，但并没有对消费者对新购买产品从体验、了解、熟悉、遗忘到最终回归初始购买行为的动态过程进行讨论与分析，这也是我们这个研究的重要意义之所在。另外，不同于 Narasimhan（1988）研究中的双寡头竞争，我们关注的是垄断市场，且垄断零售商通过销售由高端与低端产品组成的产品线来满足不同细分市场。但是，我们对于消费者在价格促销时的转移行为的假设与 Narasimhan（1988）是一致的，也就是当高端产品进行价格促销时，一部分支付意愿足够高的低端消费者会转换为购买高端产品。当然，这个转换只是暂时的，在高端价格恢复之后，这些“转换者”迟早会回归购买低端产品。

在我们的模型中，一些关键假设和分析也遵循了 Freimer & Horsky（2008）、Villas-Boas（2004）和 Villas-Boas & Villas-Boas（2008）的研究，他们与 Narasimhan（1988）一样，也是关注并解释了周期性价格促销的机制与策略。他们的研究表明，持续性的消费者学习过程推动了动态的价格促销。具体而言，通常购买低端产品的消费者属于价格敏感人群，一般不会直接购买价格更高的高端产品。但是通过价格促销的刺激，这些人会以促销价购买高端产品，并从消费体验中了解并学习其产品属性。当促销期过后，高端产品恢复了正常价格，如果他们了解到了高端产品的好处值得更高的价格，则会选择继续以高价购买，也就是说，促销具有延续效应。Freimer & Horsky (2008) 称之为“尝试它，你会喜欢它”的过程，他们认为这是使用价格促销这一工具的根本原因。因此，Freimer & Horsky (2008) 提出了包含这个消费者学习过程的模型，他们通过分析发现，处于竞争优势地位的品牌的最优策略是定期对其产品进行价格促销，并保持定价本身的稳定，这种策略在市场拓展阶段的效果尤其好。对于垄断者来说，只要消费者的学习达到足够的程度，通过定期提供价格促销来实现“尝试它，你会喜欢它”是有益的。但是，对于消费者学习程度较低的市场或产品，动态价格促销是无效的，垄断者最好保持单一不变的价格。

除了消费者学习，Villas-Boas & Villas-Boas (2008) 提出了消费者遗忘也是一个重要的因素，他们强调促销的动态性需要同时考虑消费者学习与遗忘这两种行为，同时这两个因素也可以很好地解释商家最优价格促销频率的决策。在 Villas-Boas & Villas-Boas (2008) 的模型中，如果消费者对某个产品长时间没有产生购买和使用行为时，他们会因为遗忘而对产品的属性和相关体验变得不确定，进而导致其对该产品的支付意愿不确定。但是，价格促销给了这些已经由于遗忘而变得不确定的消费者再次购买和使用该产品的机会。进而通过再次体验和学习消除不确定性，如果他们获得了超出其预期的正向激励，也就是产品给了他们正向的惊喜，那么他们对于产品的支付意愿会提升，并愿意在促销结束后仍然以正常价格购买。这个学习与遗忘的过程为零售商周期性的价格促销提供了一个合理的解释框架与机制。

在本研究中，基于过去学者的研究结论，我们将消费者的学习过程分解为两个动态部分：学习产品性能和更新其对产品性能的期望。消费不确定理论和消费者满意度理论进一步支持了这种动态学习的观点（Oliver 1980；Oliver & Swan 1989；Sivakumar，Li & Dong，2014）。也就是说，在使用产品之前，消费者首先基于其对该产品的先验知识来设定一个对其性能的期望。此时，这个期望并不是建立在客观体验上，而是包含一定不确定性的主观推断。在购买并使用该产品后，消费者会将感知到的产品性能与其使用前设定的预期进行比较。如果感知到的产品性能优于其预期会导致“积极的不确定性”（表现感知≥期望），也就是超额的满意；反之，如果感知到的产品性能差于其预期则会导致“消极的不确定性”（表现感知<期望），也就是超额的不满意。消费者获得超额的满意是积极的不确定性的直接结果，并导致在随后的时期内，那些经历过高度积极不确定性的消费者会保留下来，选择以正常价格购买（Freimer & Horsky，2008；Villas-Boas & Villas-Boas，2008）。但是，并非所有具有积极的不确定性的消费者都可以保留；如果他们的积极的不确定性不够高，那么正常价格仍会阻止他们的后续购买行为。因此，只有那些“非常满意”的消费者才有更高的机会在价格恢复后仍然被保留。

接下来，对于那些保留下来的消费者，在其后续购买和使用高端产品的过程中，他们会随着时间的推移更新他们对该高端产品性能的期望（Sivakumar，Li & Dong，2014）。因此，在我们的研究中，消费者的期望不是恒定不变的，而是随着使用处于动态调整的过程。具体来说，这些消费者初次使用高端产品后，虽然产生了积极的反馈，但同时也会将其对该产品性能的预期进行上调（Thorndike，1913）。随着使用次数的增加，这个预期会持续地上调，进而导致后续使用中所获得的积极的不确定性（即感知到的产品性能减去更新后的期望）下降。最后，当积极的不确定性产生了足够的下降后，这个消费者则会回归购买其原本一直购买的低端产品。举例来说，对于一个消费能力有限，平时只能吃麦当劳的消费者来说，当他看到一家比较贵但有名的西餐厅进行优惠促销时选择了尝试。

第一次吃的时候他发现这个餐厅的菜品味道非常好，超出了他的预期，他觉得意犹未尽，因此选择过两天再去光顾这家西餐厅。此时，由于第一次的试吃提供了他关于这家餐厅的体验和相关菜品的信息，他会上调对这家西餐厅菜品味道的预期。因此，在第二次光顾后，这家餐厅带给他的正向冲击（积极的不确定性）下降，他已经没有第一次那么意犹未尽了，并在下一次购买时选择回归他平时习惯的低价的麦当劳。

对于购买周期较长，消费者参与度较低或复杂程度较高的产品，消费者更可能会忘记其对产品性能的记忆以及相应的支付意愿。衰变理论（Thorndike，1913）认为，由于时间的流逝，记忆会消退。在 Villas-Boas & Villas-Boas（2008）的研究框架中，随着时间的推移，忘记了对上一周期高端产品的性能及支付意愿的消费者数量可能会达到一个水平，此时公司会通过再次降价以刺激这些消费者再次尝试该产品并重新评估它。因此，消费者学习和遗忘可以导致商家的动态价格促销决策，较高的遗忘率可能需要更频繁的促销，以便使已经忘记的消费者可以再次尝试。

Freimer & Horsky（2008）以及 Villas-Boas & Villas-Boas（2008）研究的不足之处在于，他们都仅仅考虑了单一产品的动态促销策略，而不是包含多个产品的产品线的动态促销策略。为了推进他们的发现，我们将动态促销策略的概念从单一产品环境扩展到具有两个垂直差异化产品的产品线环境。我们的研究重点是垄断市场，其中单个零售商同时销售高端和低端两个质量等级的产品，其目标是最大化产品线的整体利润（见表 2－1）。而对于更复杂的双寡头市场中的动态促销策略，我们将在未来的研究中再做讨论。

表 2－1　现存模型与现有模型的比较

	单产品	产品线
垄断	Villas-Boas and Villas-Boas（2008） Freimer and Horsky（2008）	我们的研究
双寡头	Freimer and Horsky（2008）	未来的研究

通过研究发现，对于具有垂直差异化的零售商而言，动态促销策略确实可以实现其产品线整体利润的优化。此外，虽然 Villas-Boas & Villas-Boas（2008）认为产品价格是外生的，但我们发现在产品价格作为内生变量时，动态价格促销仍然是提升利润的有力工具，并严格优于不使用促销的策略。此外，在研究中，我们还比较了垄断零售商在提供动态价格促销（即动态模型）时对高端产品和低端产品的定价与不使用促销时的相应定价（基准模型）。具体来说，相较于不使用促销的策略，当零售商使用动态价格促销时，其高端产品的正常价格更高，而在促销期的价格却更低。同时，其低端产品的正常价格则会保持不变。这些结果意味着，针对高端产品的最佳动态促销策略可以最大限度地减少低端产品对其市场的蚕食，并且通过这种策略，在促销结束后的冷却期中以较高的正常价格销售，以此来弥补由于高端产品的细分市场在促销时以低价购买所导致的利润损失。

三、核心模型：高端产品促销

1. 模型设定

假设垄断零售商在一个快消品的产品线中提供两种垂直差异化产品：高端产品和低端产品。高端产品的单位成本是常数 $c(0\leqslant c\leqslant 1)$，低端产品的单位成本低于高端产品，在不失一般性的情况下，我们将其设定为 0。零售商旨在通过设定高端产品的正常价格 p_H 和低端产品的正常价格 p_L，以及针对高端产品的动态促销策略来最大化整个产品线的整体利润。此外，市场上的消费者对高端与低端产品的支付意愿不同。他们对高端产品的支付意愿 V 均匀分布在 0～1 之间；而对低端产品的相应支付意愿为 βV（$0\leqslant\beta<1$）。这种关于消费者对低端产品支付意愿的假设代表了低端产品和高端产品之间的感知质量的比率，且由于 $\beta<1$，低端产品的感知质量严格低于高端产品。最后还假设，消费者在选择购买产品时的目标是选择

效用最大化的产品。

2. 基准模型：无促销模型

首先，在基准模型中，我们探讨零售商在不使用价格促销的情况下，如何对高端产品和低端产品定价。此时，零售商的目标是通过优化选择高端产品和低端产品的价格（p_H 和 p_L）来最大化其产品线的整体利润。

基于零售商对高端产品与低端产品的定价，以效用最大化为目标的消费者的购买选项有 3 个：购买高端产品、购买低端产品或两种产品都不购买。具体来说，对于对高端产品具有支付意愿 V 的消费者来说，他通过购买高端产品所获得的效用是$U_H=V-p_H$，而购买低端产品的效用是$U_L=\beta V-p_L$。此时，如果这个消费者的效用符合条件$U_H\geqslant U_L$和 $U_H\geqslant 0$，则他会购买高端产品，因为高端产品所带来的效用为正且高于低端产品。求解以上两个不等式，得到条件$V\geqslant \mathrm{Max}\left(\frac{p_H-p_L}{1-\beta},\ p_H\right)$。进一步，还需要分析$\frac{p_H-p_L}{1-\beta}$与$p_H$之间的相对大小。

首先，当$p_H<\frac{p_H-p_L}{1-\beta}$时，上述条件 $V\geqslant \mathrm{Max}\left(\frac{p_H-p_L}{1-\beta},\ p_H\right)$变为 $V\geqslant\frac{p_H-p_L}{1-\beta}$。此时，那些对于高端产品的支付意愿大于$\frac{p_H-p_L}{1-\beta}$的消费者群体会选择购买高端产品。而另一部分效用满足$U_L>U_H$和 $U_L\geqslant 0$ 条件的消费者则会选择购买低端产品。通过求解这两个不等式，得到$\frac{p_L}{\beta}\leqslant V<\frac{p_H-p_L}{1-\beta}$，也就是对于高端产品的支付意愿低于$\frac{p_H-p_L}{1-\beta}$但是大于$\frac{p_L}{\beta}$的消费者群体选择购买低端产品。为了方便读者理解，在后文的分析中，将那些在非促销时期常态化购买高端产品的消费者称为高端消费者，将那些常态化购买低端产品的消费者称为低端消费者。根据条件$p_H<\frac{p_H-p_L}{1-\beta}$，得到 $\beta p_H>p_L$，同时也可以证明不等式$\frac{p_L}{\beta}<\frac{p_H-p_L}{1-\beta}$成立，以确保低端产品的需求不是零。最后，还需要$\frac{p_H-p_L}{1-\beta}<1$来确保高端产品的需求非零。根据以上讨论，得到零售商的利润函数为：

$$\pi_{B1}=(p_H-c)\left(1-\frac{p_H-p_L}{1-\beta}\right)+p_L\left(\frac{p_H-p_L}{1-\beta}-\frac{p_L}{\beta}\right) \tag{2-1}$$

$$\text{S. T.}\quad p_H<\frac{p_H-p_L}{1-\beta}<1$$

通过求解以上的利润最大化问题，得到零售商的最优定价决策为$p_H=\frac{1+c}{2}$和$p_L=\frac{\beta}{2}$，相应的产品线整体利润是：

$$\pi_{B1}^*=\frac{(1-c)(1-c-\beta)+\beta c}{4(1-\beta)}$$

在这个最优策略下，对约束条件进行分析并发现，由于$\frac{p_H-p_L}{1-\beta}-p_H=\frac{\beta c}{2(1-\beta)}>0$，因此约束条件$p_H<\frac{p_H-p_L}{1-\beta}$被满足。而对于约束条件$\frac{p_H-p_L}{1-\beta}<1$，发现只有在$1-c-\beta$为正，即$1-c-\beta>0$时，此条件才被满足。否则，高端产品的需求为零，这时产品线销售策略退变为单一的低端产品策略。

其次，当$p_H\geqslant\frac{p_H-p_L}{1-\beta}$时，上述的条件$V\geqslant\text{Max}\left(\frac{p_H-p_L}{1-\beta},\ p_H\right)$变为$V\geqslant p_H$。根据$p_H\geqslant\frac{p_H-p_L}{1-\beta}$，得到$(1-\beta)\ p_H\geqslant p_H-p_L\Rightarrow p_L\geqslant\beta p_H$。因此，对于那些不选择购买高端产品的消费者（$V\leqslant p_H$）来说，他们对低端产品的支付意愿也低于$p_L$，因为$p_L\geqslant\beta p_H\geqslant\beta V$。因此，在$p_H\geqslant\frac{p_H-p_L}{1-\beta}$的情况下，市场中不存在低端消费者，也就是说支付意愿低于$\text{Max}\left(\frac{p_H-p_L}{1-\beta},\ p_H\right)$的消费者无法从低端产品中获得非负效用，进而会选择两种产品都不购买。最终，零售商仅通过销售高端产品获得以下

利润：

$$\pi_{B2}=(p_H-c)(1-p_H) \tag{2-2}$$

求解以上的利润最大化问题，得到零售商的最优定价决策为 $p_H=\frac{1+c}{2}$，此时的最优利润为 $\pi_{B2}^*=\frac{(1-c)^2}{4}$。通过简单的数学比较 $\pi_{B1}^*-\pi_{B2}^*=\frac{\beta c^2}{4(1-\beta)}>0$，可以看到 π_{B1}^* 严格大于 π_{B2}^*。

综合归纳以上分析结论，得到以下引理：

引理 1：在不使用价格促销的基准策略中，当 $1-c-\beta>0$ 时，零售商的最优定价策略为，高端产品价格 $p_H=\frac{1+c}{2}$ 和低端产品价格 $p_L=\frac{\beta}{2}$。（证明见本章附录。）

根据以上分析，我们知道虽然零售商希望通过提高高端产品的价格来获取更高的单品利润率，但是这样做也会带来负面影响，因为高价会导致一部分原本会购买高端产品的消费者转而购买低端产品，造成利润流失。由于高端消费者和低端消费者之间的边界为 $\frac{p_H-p_L}{1-\beta}$，因此高端产品价格每一单位的提高可能导致高端消费者超过一个单位的损失 $\left(p_H\times\frac{1}{1-\beta},\ \frac{1}{1-\beta}>1\right)$，加重了来自低端产品的蚕食效应而导致的需求流失的损失。在最优定价策略 $p_H=\frac{1+c}{2}$ 和 $p_L=\frac{\beta}{2}$ 下，如果零售商选择继续增加 p_H，则来自需求流失的损失会超过收益。但是，正如后文所示，通过合理使用动态价格促销策略，高端产品的正常价格是可以高于 $p_H=\frac{1+c}{2}$ 的。

3. 关于研究问题 1 的分析

接下来，我们讨论研究问题 1：从静态的视角来看，当高端产品和低端产品的价格给定不变时，也就是价格为外生变量时，对于低

端和高端产品的现有消费者，零售商是否可以通过对高端产品进行临时性的价格促销来获得额外利润？

由于问题 1 的讨论是基于静态视角的，因此在这种情况下，零售商不会动态性地在一个多周期重复购买的框架下来设定其对高端产品的价格促销策略，而仅仅将其当作高端产品的一次性降价活动。因此，价格促销的决策变量只有促销深度，促销的频率在这个模型中不作为决策变量。同时，在这个模型中，与不使用促销的基准模型相同，高端产品和低端产品的正常价格分别为$p_H=\frac{1+c}{2}$和$p_L=\frac{\beta}{2}$，且被视为外生变量（在后文中会放宽这个限制，将同时考虑零售商对p_H和p_L的最佳决策以及价格促销的最佳深度和频率）。由于价格促销具有延续效应，也就是一部分在促销期购买了高端产品的低端消费者会在促销结束后的一段时间内仍然选择以正常价格购买，因此对于零售商来说，其目标是最大化在促销期以及在延续效应持续的时期内所获得的所有利润的总和。另外，在此部分的分析中，需要满足条件 $1-c-\beta>0$，因为没有这个条件，基于引理 1 中所述，市场中将没有消费者会购买低端产品。

为了回答研究问题 1，我们假设延续效应在促销后只会持续一个时期。据此我们考虑一个两期模型，在第一个时期（阶段 1）零售商对高端产品进行价格促销，在第二个时期（阶段 2）也就是其延续期高端产品的价格恢复正常。零售商的目标是最大化两个时期内所获得的总利润。

（1）阶段 1。当零售商在阶段 1 对高端产品推出深度为 X 的价格促销时，消费者购买高端产品的效用是$U_H=V-\left(\frac{1+c}{2}-X\right)$，购买低端产品的效用是$U_L=\beta V-\frac{\beta}{2}$。据此，购买高端产品的消费者的支付意愿必须满足以下两个条件：

- $U_H\geqslant U_L\Rightarrow\frac{(1+c-2X)-\beta}{2(1-\beta)}\leqslant V\leqslant 1$

- $U_H \geqslant 0 \Rightarrow V \geqslant \left(\frac{1+c}{2}-X\right)$

购买低端产品的消费者的支付意愿必须满足另外两个条件：

- $U_L > U_H \Rightarrow 0 \leqslant V < \frac{(1+c-2X)\ -\beta}{2\ (1-\beta)}$
- $U_L \geqslant 0 \Rightarrow V \geqslant \frac{1}{2}$

通过求解以上条件，可以得出对高端产品的支付意愿处于 $\mathrm{Max}\left\{\frac{(1+c-2X)-\beta}{2(1-\beta)},\ \frac{1+c}{2}-X\right\} \leqslant V \leqslant 1$ 区间的是常态下的高端消费者，而对高端产品的支付意愿处于 $\frac{1}{2} \leqslant V < \frac{(1+c-2X)-\beta}{2\ (1-\beta)}$ 区间的是常态下的低端消费者。这里，还需要满足约束条件 $\frac{(1+c-2X)-\beta}{2(1-\beta)} \geqslant \frac{1+c}{2}-X \Rightarrow X \leqslant \frac{c}{2}$。否则，如果 $X > \frac{c}{2}$，可以推出 $\frac{(1+c-2X)-\beta}{2(1-\beta)} < \frac{1}{2}$，此时，低端产品购买者的支付意愿区间 $0 \leqslant V < \frac{(1+c-2X)-\beta}{2(1-\beta)}$ 和 $V \geqslant \frac{1}{2}$ 的交集为空集，市场中不会存在低端消费者。另外，当 $X \leqslant \frac{c}{2}$ 时，$\frac{(1+c-2X)-\beta}{2(1-\beta)} > \frac{1}{2}$，且在 $1-\beta-c>0$ 时，可以证明 $\frac{(1+c-2X)-\beta}{2(1-\beta)} \leqslant 1$，所有的约束条件都被满足。在这种情况下，零售商在阶段 1 的利润是：

$$\pi_1 = (p_H - X - c)\left[1 - \frac{(p_H - X) - p_L}{(1-\beta)}\right] + p_L\left[\frac{(p_H - X) - p_L}{(1-\beta)} - \frac{p_L}{\beta}\right] \tag{2-3}$$

(2) 阶段 2。在阶段 1，也就是高端产品的价格促销阶段，一部分低端消费者以促销的价格购买并使用了高端产品。这些转换者中有些人会从高端产品的使用中通过学习获得超额的积极体验，并提高了他们对高端产品的支付意愿。正如前文所讨论的，这种支付意愿的提高源于积极的不确定性，这是消费者的期望与高端产品的感

知表现之间的差异。由于这些低端消费者的支付意愿有了暂时性的提高，即使在阶段 2 中高端产品恢复到了正常价格，他们中的一些支付意愿的提高程度足够高的消费者仍会在这个阶段继续购买（即促销期间产生的积极的不确定性足够高。Bolton & Drew，1991）。

由于个人消费体验是独立的且具有差异性的，因此假设阶段 1 的转换者对高端产品的支付意愿增长的幅度 δ 服从 $0\sim\gamma$（$\gamma>0$）范围内的均匀分布。由于支付意愿的增长是由预期的产品性能和感知的产品性能之间的差异产生而导致的积极的不确定性来推动的，因此我们认为 δ，也就是支付意愿的提升幅度与个体消费者的实际支付意愿不相关。下面来论证零售商在阶段 1 对于高端产品的最佳促销折扣 X 的幅度不应超过 γ。

具体而言，对于在促销期间（阶段 1）以及在延续期（阶段 2）以全价购买高端产品的低端消费者，他们在两阶段中的效用需要满足以下两个条件：

- $U_H \geqslant U_L\mid_{Period1}$ （$U_H\mid_{Period1}=V-p_H+X$ ，$U_L=\beta V-p_L$）
- $U_H \geqslant U_L\mid_{Period2}$ （$U_H\mid_{Period2}=V+\delta-p_H$，$U_L=\beta V-p_L$）

请注意，在以上两个条件中，高端产品和低端产品的定价 p_H 与 p_L 是外生的，分别等于 $\frac{1+c}{2}$ 和 $\frac{\beta}{2}$。通过求解上述两个条件，得到 $V\geqslant\frac{(p_H-X)-p_L}{(1-\beta)}$ 和 $V\geqslant\frac{(p_H-\delta)-p_L}{(1-\beta)}$。此时，如果 $X>\gamma$，则会有 $\frac{(p_H-X)-p_L}{(1-\beta)}<\frac{(p_H-\gamma)-p_L}{(1-\beta)}$。因此，支付意愿高于 $\frac{(p_H-X)-p_L}{(1-\beta)}$ 但低于 $\frac{(p_H-\gamma)-p_L}{(1-\beta)}$ 的低端消费者是不会在阶段 2 以全价购买高端产品的。因为当 $V<\frac{(p_H-\gamma)-p_L}{(1-\beta)}$ 时，可以得到 $V<\frac{(p_H-\gamma)-p_L}{(1-\beta)}<\frac{(p_H-\delta)-p_L}{(1-\beta)}$，这与条件 $V\geqslant\frac{(p_H-\delta)-p_L}{(1-\beta)}$ 相矛盾。这意味着，当 $X>\gamma$ 时，低端购买者中那些由超过 γ 部分的折扣所导致的边际转换者，在没有促销的阶段 2 中，将不会继续购买高端产品。因此，大

于γ的那部分价格折扣不会导致比$X=\gamma$时更高的残留效应，这样做除了额外损失了利润，零售商不会获得任何好处。根据以上分析，我们证明了阶段1中的价格促销的最佳促销深度应严格低于γ。

命题1：考虑价格促销的延续效应时，高端产品在促销期的最佳促销深度应低于转换者（在促销期间从低端产品转向高端产品的消费者）支付意愿的短期增长幅度分布的最大可能值，也就是$X\leqslant\gamma$。

接下来，对于条件$U_H\geqslant U_L|_{Period2}$，为了促使低端消费者在下一期间以正常价格继续购买高端产品，其支付意愿δ的增幅应足够大，也就是大于阈值$p_H-p_L-(1-\beta)V$。否则，转换者将在阶段2恢复到选择低端产品。因为我们需要$X<\gamma$，根据δ服从在$0\sim\gamma$的均匀分布，所以转换者在下一个阶段恢复到选择低端产品的概率是$\dfrac{p_H-p_L-(1-\beta)V}{\gamma}=\dfrac{1+c-\beta-2(1-\beta)V}{2\gamma}$，以正常价格购买高端产品的概率是$1-\dfrac{p_H-p_L-(1-\beta)V}{\gamma}=\dfrac{2\gamma-1-c+\beta+2(1-\beta)V}{2\gamma}$。据此，得到零售商在阶段2的利润函数为：

$$\begin{aligned}\pi_2 = (p_H-c)\Big[&1-\frac{p_H-p_L}{(1-\beta)}\\&+\int_{\frac{(p_H-X)-p_L}{(1-\beta)}}^{\frac{p_H-p_L}{(1-\beta)}}\Big(1-\frac{p_H-p_L-(1-\beta)V}{\gamma}\Big)\mathrm{d}V\Big]\\&+p_L\Big[\frac{(p_H-X)-p_L}{(1-\beta)}-\frac{p_L}{\beta}\\&+\int_{\frac{(p_H-X)-p_L}{(1-\beta)}}^{\frac{p_H-p_L}{(1-\beta)}}\frac{p_H-p_L-(1-\beta)V}{\gamma}\mathrm{d}V\Big]\end{aligned}\qquad(2-4)$$

因此，零售商在两个周期（阶段1和阶段2）中的总利润为：

$$\pi=\pi_1+\pi_2\qquad(2-5)$$

通过求解利润最大化问题，可以得到最佳的促销深度为：

$$X^*=\frac{(1-\beta-c)\gamma}{1-\beta-c+4\gamma}\qquad(2-6)$$

为了保证这个最佳的促销深度是可行的解决方案，还需要$X^*=\frac{(1-\beta-c)\gamma}{1-\beta-c+4\gamma}\leqslant\frac{c}{2}$，这个约束只有在下列条件满足时才成立：

● $1-\beta-3c\leqslant 0$ 时，零售商的最优促销深度为$X^*=\frac{(1-\beta-c)\gamma}{1-\beta-c+4\gamma}\leqslant\frac{c}{2}$，两阶段的总利润为$\pi^*=\frac{(1-c)(1-c-\beta)+\beta c}{2(1-\beta)}+\frac{(1-\beta-c)^2\gamma}{4(1-\beta)(1-\beta-c+4\gamma)}$。不难发现，这个利润大于在这两个时期都不使用价格促销所能获得的利润 $2\pi_{B1}^*$。

● $1-\beta-3c>0,\gamma\leqslant\frac{(1-\beta-c)c}{2(1-\beta-3c)}$时，零售商的最优促销深度为$X^*=\frac{(1-\beta-c)\gamma}{1-\beta-c+4\gamma}\leqslant\frac{c}{2}$，两阶段的总利润为$\pi^*=\frac{(1-c)(1-c-\beta)+\beta c}{2(1-\beta)}+\frac{(1-\beta-c)^2\gamma}{4(1-\beta)(1-\beta-c+4\gamma)}$。同上，这个利润也大于在这两个时期都不使用价格促销所能获得的利润 $2\pi_{B1}^*$。

● $1-\beta-3c>0,\gamma>\frac{(1-\beta-c)c}{2(1-\beta-3c)}$时，零售商的最优促销深度为边界解 $X^*=\frac{c}{2}$，两阶段的总利润为 $\pi^*=\frac{(1-c)(1-c-\beta)+\beta c}{2(1-\beta)}+\frac{4(1-\beta-c)c\gamma-(1-\beta-c+4\gamma)c^2}{16(1-\beta)\gamma}$，这个利润也大于在这两个时期都不使用价格促销所能获得的利润 $2\pi_{B1}^*$。

根据以上这些结果我们得到了第 2 个命题：

命题 2：当高端产品与低端产品的价格$\left(p_H=\frac{1+c}{2},p_L=\frac{\beta}{2}\right)$为外生变量，且促销延续期为 1 个阶段时，零售商可以通过对高端产品进行价格促销而获利。具体来说，零售商的最优价格促销深度和相应的利润分别为：当$1-\beta-3c\leqslant 0$ 或 $1-\beta-3c>0$ 且 $\gamma\leqslant\frac{(1-\beta-c)c}{2(1-\beta-3c)}$时，最优促销深度是$X^*=\frac{(1-\beta-c)\gamma}{1-\beta-c+4\gamma}$，最优利润为 $\pi^*=\frac{(1-c)(1-c-\beta)+\beta c}{2(1-\beta)}+\frac{(1-\beta-c)^2\gamma}{4(1-\beta)(1-\beta-c+4\gamma)}$；而当 $1-\beta-3c>0$ 和 $\gamma>\frac{(1-\beta-c)c}{2(1-\beta-3c)}$时，最优促销

深度是 $X^*=\frac{c}{2}$，最优利润为 $\pi^*=\frac{(1-c)(1-c-\beta)+\beta c}{2(1-\beta)}+\frac{4(1-\beta-c)c\gamma-(1-\beta-c+4\gamma)c^2}{16(1-\beta)\gamma}$。(证明见本章附录。)

通过命题 2，我们发现在价格外生情境下，只要转换者的支付意愿增长的幅度具有非负的分布（$\gamma\geqslant 0$），零售商就可以通过对产品线中的高端产品进行临时性的价格促销来提升产品线的整体利润。同时，零售的最优促销深度 $X^*=\frac{(1-\beta-c)\gamma}{1-\beta-c+4\gamma}$ 随着积极的不确定性 γ，以及高端产品相对于低端产品的边际溢价 $\frac{1-\beta-c}{2}$ 的增加而增加。下面将从动态的视角来分析零售商的价格促销策略。

4. 关于研究问题 2 的分析

现在讨论第二个研究问题：从动态的角度来看，在多个销售周期内，当高端产品和低端产品的价格变为内生决策变量时，该零售商是否仍可以通过对高端产品进行周期性的价格促销来获得额外利润？此时，高端产品的最优定价、价格促销的最优深度与频率分别是怎样的？另外，相比于没有提供促销活动的基准策略，动态价格促销策略又会如何影响高端产品的定价？

与静态视角的两期模型类似，这里仍然假设对高端产品的价格促销结束后，由于体验到产品超预期的性能而产生的积极的不确定性，转换者中的一部分人对高端产品的支付意愿会发生暂时性的增加。在动态环境中，消费者在随后几期的购买中仍然会保持这种积极的不确定性，导致了促销延续效应的出现。如果支付意愿的提升程度足够高，当促销结束后，消费者仍会持续以正常价格购买高端产品。然而，这些消费者随着对高端产品购买次数的增加，也会不断通过学习来更新（增加）其对高端产品性能的预期（Bolton & Drew，1991；Brown & Swartz，1989；Sivakumar，Li & Dong，2014）。高端产品的客观性能不会随时间改变，但转换者对其预期却随购买次数而增加，因此导致他们从高端产品中获得的积极的不确定性以及支付意愿也会随购买次数增加而缩小，进而回归购买低端产品。实际上，这个过程也许需要经历几个购买周期后才会完成，但研究中为了保证分析的简洁性，我们将这个多周期的学习过程化简为两周期的学习过程。也就是转换者在促销期后的一个延续期内就完成学习，在这一个延续期后这些转换者对高端产品的支付意愿的增量减为零，即 γ 下降到 0（见图 2－1）。据此，如果零售商在一个延续期后仍然以高端产品的常规价格销售，所有转换者都会回归购买低端产品。

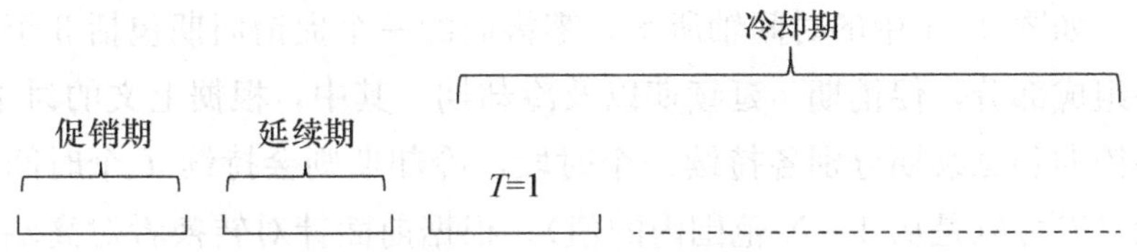

图 2－1　高端产品的一个促销周期中各个阶段的示意图

虽然消费者在促销期和延续期完成对高端产品的两次购买后会回归购买低端产品，他们仍然会保有对高端产品性能及相关使用体验的记忆。根据遗忘理论（Thorndike，1913），这个记忆会随着这些消费者停止购买和使用高端产品而被逐渐忘记。也就是说，如果在延续期后零售商不在短时间内再次对高端产品进行价格促销，那么随着对其购买的停止，那些已经回归到低端产品的消费者将逐渐忘记他们对高端产品的积极体验，并回调（降低）他们对高端产品的期望。在下面的模型分析中，我们将这些转换者停止购买高端产品并逐渐忘记其过去的积极体验的时期称为“冷却期”。换一个角度来说，在冷却期内，这些消费者从高端产品的新消费中所能获得的新的积极的不确定性（γ）应该随着时间的推移而上升。根据以上分析的遗忘过程，零售商可以在这些消费者发生了足够的遗忘后，再次进行新一轮的价格促销活动，而不是在上一轮的促销结束后马上进行新的促销。这样做的好处在于，通过足够长时间的冷却期内的遗忘，上一促销周期的转换者在面对新的高端产品的促销活动时，已经忘掉了过去的积极体验，并可以从新的促销中获得更高的积极的不确定性，进而在新一次促销后的延续期中有更高的概率来继续购买高端产品。如果冷却期太短，这些消费者在新一次促销后的延续期中继续购买高端产品的概率就会大打折扣。以上所分析的这种消费者在促销期学习，在延续期以正常价格再次购买，而在“冷却期”遗忘的动态过程可以很好地解释零售商动态价格促销的内在驱动力及机制。下面将详细分析考虑了消费者的学习与遗忘行为因素后，零售商价格促销的最优深度与频率的决策应如何制定。

如图 2-1 中的时间轴所示，零售商的一个促销周期包括 3 个主要组成部分，促销期、延续期以及冷却期。其中，根据上文的讨论，促销期和延续期分别各持续一个时段，冷却期则会持续 T 个时间阶段（T 可以是从 1～N 范围内的值）。根据前面针对转换者对高端产品性能的预期和遗忘的讨论，将 γ 视为冷却期数 T 的单调递增函数。在冷却期中转换者回归到购买低端产品之后，遗忘理论指出他们在上一个促销期和延续期中形成的对高端产品的期望会随着时间的推移逐渐消失。在第一个冷却期（$T=1$），零售商对于高端产品的定价有两个选择：立即进行另一次价格促销或不进行促销而以正常价格销售。然而，当 $T=1$ 时，$\gamma(T=1)=0$，这意味着刚刚恢复到购买低端产品的转换者不会对此时立即开始的另一轮促销产生任何延续效应。也就是促销期后，这些人不会持续以正常价格购买高端产品。然而，由于转换者对高端产品的记忆的消退，$\gamma(T)$随着时间从 $T=1$ 到 $T=N$ 的推移而增长。我们在这里做了一个额外的假设：在有限数量的周期后，即 $T=N$ 之后，$\gamma(T)$的增长达到其上限$\bar{\gamma}$($\bar{\gamma}>0$)，不会随时间继续增长。$\gamma(T)$的增长轨迹可以是时间 T 的凸函数或凹函数。直观上，一个聪明的零售商会等待 $\gamma(T)$达到足够高的水平后再进行下一次的促销活动。也就是说，零售商的最佳策略是在转换者充分遗忘之前不会再次促销。

在促销期间，零售商在高端产品上提供折扣 X，消费者购买高端产品的效用是$U_H=V-(P_H-X)$，而购买低端产品的效用是$U_L=$

$\beta V-P_L$。据此，购买高端产品的消费者的支付意愿必须满足以下两个条件：

- $U_H \geqslant U_L \Rightarrow \frac{P_H-P_L-X}{(1-\beta)} \leqslant V \leqslant 1$
- $U_H \geqslant 0 \Rightarrow V \geqslant (P_H-X)$

购买低端产品的消费者的支付意愿则需要满足以下两个条件：

- $U_L > U_H \Rightarrow 0 \leqslant V < \frac{P_H-P_L-X}{(1-\beta)}$
- $U_L \geqslant 0 \Rightarrow V \geqslant \frac{P_L}{\beta}$

根据以上条件，可以得到购买高端产品的细分市场是 $\text{Max}\left\{\frac{P_H-P_L-X}{(1-\beta)}, P_H-X\right\} \leqslant V \leqslant 1$，购买低端产品的细分市场是 $\frac{P_L}{\beta} \leqslant V < \frac{P_H-P_L-X}{(1-\beta)}$。为了确保两个产品的市场需求均不为 0，需要 $\frac{P_L}{\beta} \leqslant (P_H-X) \leqslant \frac{P_H-P_L-X}{(1-\beta)} \leqslant 1 \Rightarrow X \leqslant P_H-\frac{P_L}{\beta}$ 和 $P_H-P_L-X \leqslant 1-\beta$。

综上所述，对高端产品的支付意愿处在 $\left[\frac{P_H-P_L-X}{(1-\beta)}, 1\right]$ 区间的消费者在促销期选择购买高端产品，而对高端产品的支付意愿处在 $\left[\frac{P_L}{\beta}, \frac{P_H-P_L-X}{(1-\beta)}\right]$ 区间的消费者在促销期选择购买低端产品。

为了在一个促销周期内最大化整体利润，零售商必须决定促销深度、低端和高端产品的常规价格以及冷却期的长度。注意到零售商不应该在 $\gamma(T)$ 变得足够高之前启动随后的促销周期，但是出于考虑时间效率，零售商也不必等到 $\gamma(T)$ 达到其最大水平，也就是 $\gamma(N)$。根据以上讨论，得到在冷却期的每一个时段，零售商的利润是：

$$\pi_0=(P_H-c)\left[1-\frac{P_H-P_L}{(1-\beta)}\right]+P_L\left[\frac{P_H-P_L}{(1-\beta)}-\frac{P_L}{\beta}\right] \quad (2-7)$$

但在促销期和延续期，其利润分别为：

$$\pi_1=(P_H-X-c)\left[1-\frac{(P_H-X)-P_L}{(1-\beta)}\right]$$
$$+P_L\left[\frac{(P_H-X)-P_L}{(1-\beta)}-\frac{P_L}{\beta}\right] \tag{2-8}$$

和

$$\pi_2=(P_H-c)\left[1-\frac{P_H-P_L}{(1-\beta)}\right.$$
$$+\int_{\frac{P_H-P_L}{(1-\beta)}-X}^{\frac{P_H-P_L}{(1-\beta)}}\left(1-\frac{P_H-P_L-(1-\beta)V}{\gamma(T)}\right)\mathrm{d}V\Bigg]$$
$$+P_L\left[\frac{(P_H-X)-P_L}{(1-\beta)}-\frac{P_L}{\beta}\right.$$
$$\left.+\int_{\frac{P_H-P_L-X}{(1-\beta)}}^{\frac{P_H-P_L}{(1-\beta)}}\frac{P_H-P_L-(1-\beta)V}{\gamma(T)}\mathrm{d}V\right] \tag{2-9}$$

因为冷却过程需要经历 T 个时段，所以零售商的总利润（即促销期＋延续期＋T 个时段的冷却期的利润）是 $\pi=T\pi_0+\pi_1+\pi_2$。

当考虑促销策略的时间效率时，利润密度 $D\pi$ 是促销周期期间的每个时期的平均利润，即 $D\pi=\frac{\pi}{T+2}$。之所以引入利润密度这个概念，主要由于零售商的总利润总是随着促销周期的长度（即冷却期的长度）而增加，利润密度却不会随时间一直增加。因此，在考虑了时间效率后，为了确定最佳的冷却期长度 T，零售商的目标应该是最大化利润密度，而不应该以一个促销周期的总利润为目标。通过对图 2-1 中所示的一个促销周期内高低端产品价格、促销深度以及冷却期长度的优化，零售商可以最大化其促销周期内的利润密度。随后，这个零售商就可以重复循环这个促销周期，而冷却期长度代表的是最优的促销频率决策，冷却期越长，促销频率则越低，反之亦然。

然后，零售商的最优策略推导如下，其解决方案取决于 $\gamma(T)$ 的形状或曲率：

$$D\pi=\frac{T\pi_0+\pi_1+\pi_2}{T+2}=\frac{(T+1)\pi_0+\pi_1+A}{T+2}-\frac{B}{(T+2)\gamma(T)} \tag{2-10}$$

式中，$A=\frac{(P_H-P_L-c)X}{(1-\beta)}$；$B=(P_H-P_L-c)\int_{\frac{P_H-P_L-X}{(1-\beta)}}^{\frac{P_H-P_L}{(1-\beta)}}[P_H-P_L-(1-\beta)V]\mathrm{d}V$，而且 A,B 均为正数。

通过对最优化问题的一阶条件进行分析，得到

$$\frac{\partial D\pi}{\partial T}=\frac{\pi_0-\pi_1-A}{(T+2)^2}+\frac{B\gamma'(T)}{(T+2)\gamma(T)^2}+\frac{B}{(T+2)^2\gamma(T)} \tag{2-11}$$

$$\frac{\partial^2 D\pi}{\partial T^2}=-\frac{2(\pi_0-\pi_1-A)}{(T+2)^3}-\frac{2B}{(T+2)^3\gamma(T)}-\frac{2B\gamma'(T)}{(T+2)^2\gamma(T)^2}+\frac{B\gamma''(T)}{(T+2)\gamma(T)^2}-\frac{2B[\gamma'(T)]^2}{(T+2)\gamma(T)^3} \tag{2-12}$$

进而，当 $\frac{\partial D\pi}{\partial T}=0$ 时，得到

$$\frac{\pi_0-\pi_1-A}{(T+2)^2}+\frac{B\gamma'(T)}{(T+2)\gamma(T)^2}+\frac{B}{(T+2)^2\gamma(T)}=0 \tag{2-13}$$

将式(2-13)代入式(2-12)，得到 $\frac{\partial^2 D\pi}{\partial T^2}=\frac{B}{(T+2)\gamma(T)^2}\left\{\gamma''(T)-\frac{2[\gamma'(T)]^2}{\gamma(T)}\right\}$。$\gamma(T)$ 的曲率决定了 $\frac{\partial^2 D\pi}{\partial T^2}$ 的符号。接下来将根据 $\frac{\partial^2 D\pi}{\partial T^2}$ 的符号分别应用我们的分析。

(1) 当 $\frac{\partial^2 D\pi}{\partial T^2}<0$ 时。

只有 $\gamma(T)$ 是凹函数（concave function），$\gamma''(T)<0$，或 $\gamma(T)$ 是凸函数（convex function）但凸度不够高（$0\leqslant\gamma''(T)<\frac{2[\gamma'(T)]^2}{\gamma(T)}$）时，该条件为真。因为 $\frac{\partial^2 D\pi}{\partial T^2}<0$，所以可能存在冷却期最优长度 T^* 的内部解，也就是零售商不必等到 $T^*=N$ 再进行下一次促销。

此时，零售商的利润密度函数为：

$$D\pi=\frac{T\left\{(P_H-c)\left[1-\frac{P_H-P_L}{(1-\beta)}\right]+P_L\left[\frac{P_H-P_L}{(1-\beta)}-\frac{P_L}{\beta}\right]\right\}}{T+2}$$

$$+\frac{(P_H-X-c)\left[1-\frac{(P_H-X)-P_L}{(1-\beta)}\right]+P_L\left[\frac{(P_H-X)-P_L}{(1-\beta)}-\frac{P_L}{\beta}\right]}{T+2}$$

$$+\frac{\begin{aligned}&(P_H-c)\left[1-\frac{P_H-P_L}{(1-\beta)}+\int_{\frac{P_H-P_L-X}{(1-\beta)}}^{\frac{P_H-P_L}{(1-\beta)}}(1-\frac{P_H-P_L-(1-\beta)V}{\gamma(T)})\mathrm{d}V\right]\\&+P_L\left[\frac{(P_H-X)-P_L}{(1-\beta)}-\frac{P_L}{\beta}+\int_{\frac{P_H-P_L-X}{(1-\beta)}}^{\frac{P_H-P_L}{(1-\beta)}}\frac{P_H-P_L-(1-\beta)V}{\gamma(T)}\mathrm{d}V\right]\end{aligned}}{T+2}$$

通过求解优化问题，得出低端产品的最优价格仍为$P_L^*=\frac{\beta}{2}$，但高端产品的最优价格为$P_H^*=\frac{1+c}{2}+\frac{6\gamma(T)X-X^2}{4\gamma(T)(2+T)}$，高于不使用促销时的基准价格$\frac{1+c}{2}$（详见本章附录）。同时，还证明了最优的促销深度恒正，$X^*>0$，也就是在多周期的背景下零售商仍然可以通过动态促销来提升其收益。

（2）当$\frac{\partial^2 D\pi}{\partial T^2}\geqslant 0$时。

此时，如果$\gamma(T)$是凸函数，并且凸度足够高（$\gamma''(T)\geqslant\frac{2[\gamma'(T)]^2}{\gamma(T)}$），则该条件为真。因为$\frac{\partial^2 D\pi}{\partial T^2}\geqslant 0$，不满足目标函数最大化的二阶条件，因此最佳冷却期长度为边界解$T^*=N$。零售商最好的策略是等待N时段后，待$\gamma(T)$达到$\bar{\gamma}$时再进行下一次促销。在这种情况下，零售商的利润密度函数为：

$$D\pi=\frac{N\left\{(p_H-c)\left[1-\frac{p_H-p_L}{(1-\beta)}\right]+P_L\left[\frac{p_H-P_L}{(1-\beta)}-\frac{p_L}{\beta}\right]\right\}}{N+2}$$

$$+\frac{(p_H-X-c)\left[1-\frac{(p_H-X)-p_L}{(1-\beta)}\right]+p_L\left[\frac{(p_H-X)-p_L}{(1-\beta)}-\frac{p_L}{\beta}\right]}{N+2}$$

$$\frac{(P_H-c)\left[1-\frac{p_H-p_L}{(1-\beta)}+\int_{\frac{P_H-P_L-X}{(1-\beta)}}^{\frac{p_H-p_L}{(1-\beta)}}(1-\frac{P_H-P_L-(1-\beta)V}{\bar{\gamma}})\mathrm{d}V\right]+P_L\left[\frac{(P_H-X)-P_L}{(1-\beta)}-\frac{P_L}{\beta}+\int_{\frac{P_H-P_L-X}{(1-\beta)}}^{\frac{P_H-P_L}{(1-\beta)}}\frac{P_H-P_L-(1-\beta)V}{\bar{\gamma}}\mathrm{d}V\right]}{N+2}$$

与我们讨论的 $\gamma''(T)<\frac{2[\gamma'(T)]^2}{\gamma(T)}$ 的过程类似，得到 $p_L^*=\frac{\beta}{2}$，$p_H^*>\frac{1+c}{2}$ 和 $X^*>0$（详见本章附录）。根据以上分析，得到如下命题。

命题 3：当 $\gamma(T)$ 是凹增函数或 $\gamma(T)$ 是凸函数但其凸度不够高时，存在冷却期最优长度 T^* 的内部解（$T^*<N$）；但是，当 $\gamma(T)$ 是凸函数并且凸度足够高时，冷却期最优长度 T^* 为边界解 $T^*=N$。（证明见本章附录。）

命题 3 表明，当 $\gamma(T)$ 是凹增函数或具有低凸性的凸增函数时，消费者的遗忘过程相对较慢，因此需要给他们更长的冷却期来忘记过去对高端产品的积极体验，直到他们可以从新的促销中获得的积极的不确定性 $\gamma(T)$ 达到足够高的水平，再进行新的促销。在这种慢速遗忘过程中，零售商如果选择等待 $T=N$ 个时段，直到消费者的遗忘达到其饱和状态 $\bar{\gamma}$ 的话，由于时间价值，其效率较低且不经济。此时，可能存在冷却期最优长度 T^* 的内部解。然而，当 $\gamma(T)$ 是具有足够高凸度的凸函数时，消费者会随时间加速遗忘，此时零售商的最优选择是等待 $T=N$ 个时段，直到消费者的遗忘达到其饱和状态 $\bar{\gamma}$。

接下来，需要注意的是，当对高端产品使用动态价格促销策略时，低端产品的最优价格与没有促销时的情况相同，即 $p_L^*=\frac{\beta}{2}$，但是，高端产品的最优正常价格则变得更高，$p_H^*>\frac{1+c}{2}$。对高端产品设定一个较高正常价格的主要原因是可以提高其在延续期和冷却期的单位盈利能力。正如前文中指出的，在不使用促销的基准模型中，高端产品价格 p_H 的每单位增加将导致高端消费者超过一个单位的损失$\left(\frac{1}{1-\beta}\text{大于 }1\right)$，这主要因为低端产品的蚕食效应会放大这种损失。然而，理论分析表明，这种来自低端产品的蚕食效应可以通过最优动态价格促销策略来弥补，并让零售商可以在多个时期内实现更高的盈利能力。具体来说，由较高的p_H所造成的高端产品的市场需求的损失可以通过延续期中转换者以正常价格购买高端产品的行为来得到补偿（见图 2 - 1）。同时，较高的正常价格在一定程度上平衡了促销期间的价格折扣所导致的利润流失，进一步增加了零售商的整体利润。因此，有以下命题。

命题 4：使用动态价格促销时，低端产品的最优价格是$P_L^*=\frac{\beta}{2}$（与不使用促销时一致），但高端产品的最优价格更高，$P_H^*>\frac{1+c}{2}$。（证明见本章附录。）

最后，通过对模型分析结果的进一步讨论，还得到了如下的命题。

命题 5a：由于最优促销深度恒正，$X^*>0$，动态价格促销策略严格优于静态、无促销策略。

命题 5b：动态价格促销策略中，高端产品的促销价格总是低于不使用促销的基准模型中的价格。（证明见本章附录。）

5. 对研究问题 3 的分析

接下来，我们将讨论第三个研究问题：动态价格促销在帮助零售商获得超额利润的同时，是否也可以让消费者获益？消费者福利是否一定会上升？

正如命题 3 中所述，在多期的动态价格促销策略中，零售商的利润最大化问题受到$\gamma(T)$的具体形式的影响，且无法得到数学形式的解析解。因此，在本节中，将以数值模拟的方式来检验高端产品动态价格促销策略对消费者福利的影响。直观上来看，由于促销提供了价格折扣，消费者可以从折扣中获利，因此促销指向了更高的消费者福利。然而，命题 4 表明，促销中的高端产品的最优价格P_H^*高于不使用促销时的基准价格$\frac{1+c}{2}$。这个更高的价格却指向了消费者福利的减少。因此，消费者福利总体上依赖于这两种相反的力量，既有可能上升也有可能下降，这与我们的直觉并不完全一致。

下面将详细介绍数值模拟的过程。首先，需要定义$\gamma(T)$的具体函数形式。由于利润最大化的结果对于$\gamma(T)$的曲率非常敏感，因此在数值分析中分别设定凹函数和凸函数两种形式的$\gamma(T)$：(1) 凹函数$1-e^{-\alpha T}$；(2) 凸函数lT^2，其中α和l为两个函数的参数，设定为$\alpha=0.005$和$l=0.0005$。进一步，设定$\gamma(T)$的初始值$\gamma(0)=0$，而$\gamma(T)$的上边界为$\bar{\gamma}=0.05$。也就是说，$\gamma(T)$在经历多个冷却时段后达到$\gamma=0.05$，并停止随着冷却期的继续增加而增加。通过解决利润最大化问题，可以得到低端与高端产品的最优定价P_L^*和P_H^*、最优价格促销深度X^*，以及最优促销周期T^*。在定义了$\gamma(T)$的形式并求解这些最优值之后，我们在两种情况下计算消费者福利：无促销或有促销。

首先，在基准模型中零售商没有提供促销，此时的最优价格是$P_H^*=\frac{1+c}{2}$和$P_L^*=\frac{\beta}{2}$。在这种情况下，每个购买时段的消费者福利等于：

$$\int_{\frac{P_H^*-P_L^*}{(1-\beta)}}^{1}(V-P_H^*)dV+\int_{\frac{P_L^*}{\beta}}^{\frac{P_H^*-P_L^*}{(1-\beta)}}(\beta V-P_L^*)dV=\frac{(1-2c)(1-\beta)+c^2}{8(1-\beta)} \tag{2-14}$$

其次，当零售商对高端产品使用动机价格促销时，每个促销周期包括三个不同阶段（促销期、延续期和冷却期），因此必须评估每个阶段的福利，然后将它们加总以计算总体的消费者福利。

(1) 促销期的消费者福利。在促销期中，所有消费者的支付意愿都保持在初始水平，当高端产品的价格促销深度为X^*时，购买高端产品和低端产品的消费者的总福利为：

$$\int_{\frac{P_H^*-P_L^*-X^*}{(1-\beta)}}^{1}(V-P_H^*+X^*)dV+\int_{\frac{P_L^*}{\beta}}^{\frac{P_H^*-P_L^*-X^*}{(1-\beta)}}(\beta V-P_L^*)dV \tag{2-15}$$

(2) 延续期的消费者福利。延续期消费者福利的计算比较复杂，因为消费者可以根据其不同行为被分为 4 类，且每一类消费者的福利的计算方式均有不同。具体来说，消费者可以分为：常规高端消费者、从低端产品转向的临时高端消费者、回归低端产品的消费者和常规低端消费者。

1) 常规高端消费者：常规高端消费者就是那些不依赖价格促销就会选择购买高端产品的消费者。由于在此阶段高端产品的价格恢复为正常价格，因此这些消费者的福利为：

$$\int_{\frac{P_H^*-P_L^*}{(1-\beta)}}^{1}(V-P_H^*)\mathrm{d}V$$

2) 从低端产品转向的临时高端消费者：这些消费者是在零售商提供价格促销时购买高端产品的低端消费者，且他们在高端产品价格恢复正常后在延续期仍然选择再次购买。由于低端消费者中的转换者，其对高端产品的支付意愿落在区间 $\left[\frac{P_H^*-P_L^*-X^*}{(1-\beta)},\frac{P_H^*-P_L^*}{(1-\beta)}\right]$内，因此任何一个处于这个区间的消费者在延续期中仍然选择购买高端产品的机会等于$\int_{P_H^*-P_L^*-(1-\beta)V}^{\gamma(T)}\frac{1}{\gamma(T)}\delta$，且相应的消费者福利为$(V-P_H^*+\delta)$。对于 δ 的积分主要是确保该消费者的支付意愿的提升足够高，足以让他在延续期中仍然购买高端产品。对所有处于区间 $\left[\frac{P_H^*-P_L^*-X^*}{(1-\beta)},\frac{P_H^*-P_L^*}{(1-\beta)}\right]$的消费者的福利加总，得到这些消费者的总消费者福利为$\int_{\frac{P_H^*-P_L^*-X^*}{(1-\beta)}}^{\frac{P_H^*-P_L^*}{(1-\beta)}}\int_{P_H^*-P_L^*-(1-\beta)V}^{\gamma(T)}\frac{(V-P_H^*+\delta)}{\gamma(T)}\delta\mathrm{d}V$。

3) 回归低端产品的消费者：这些消费者是以前的常规低端消费者。他们在零售商提供价格促销时购买了高端产品，但是由于他们从高端产品使用中所获得的积极的不确定性程度较低，因此在高端产品价格恢复正常后他们选择回归购买低端产品。因此，这些消费者获得的福利为$\int_{\frac{P_H^*-P_L^*-X^*}{(1-\beta)}}^{\frac{P_H^*-P_L^*}{(1-\beta)}}\int_{0}^{P_H^*-P_L^*-(1-\beta)V}\frac{(\beta V-P_L^*)}{\gamma(T)}\delta\mathrm{d}V$。对于 δ 的积分主要是确保这些消费者的支付意愿的提升足够低，以使这些消费者在延续期回归购买低端产品。

4）常规低端消费者：这一部分消费者不会在促销期购买高端产品，因此他们在延续期也同样只会购买低端产品。这些消费者获得的福利为$\int_{\frac{P_L^*}{\beta}}^{\frac{P_H^*-P_L^*-X^*}{(1-\beta)}}(\beta V-P_L^*)\mathrm{d}V$。

（3）冷却期的消费者剩余。由于在冷却期，所有转换者对高端产品的支付意愿最终都恢复到其初始水平，因此这一时期的消费者剩余总量与没有促销时的情况相同，即$\int_{\frac{P_H^*-P_L^*}{(1-\beta)}}^{1}(V-P_H^*)\mathrm{d}V+\int_{\frac{P_L^*}{\beta}}^{\frac{P_H^*-P_L^*}{(1-\beta)}}(\beta V-P_L^*)\mathrm{d}V$。

通过计算促销期、延续期和冷却期的消费者福利，获得促销周期内的平均福利，也就是总福利除以促销周期的长度T^*+2。对于凹函数$1-\mathrm{e}^{-\alpha T}$和凸函数lT^2，以及β和c的不同组合数值模拟的详细结果见表 2-2 和表 2-3。在两个表中，高端产品的最优价格P_H^*均大于$\frac{1+c}{2}$，且最优促销深度X^*均为正，但X^*随着β和c的增加而减小。一方面，当β增加时，消费者在高端与低端产品之间的支付意愿差异减小，零售商使用价格促销的空间减少，进而降低了促销深度。同时，随着c的增加，高端产品的利润率会下降。这些减少的利润同样导致价格促销空间减少，进而降低了促销深度。根据命题 3，当$\gamma(T)$具有凹形时，存在最优的冷却期长度T^*的内部解。根据数值分析给出的冷却期长度的上限值为$N=11$，我们看到在所有的情况下最优的冷却期长度均小于这个上限值，$T^*<11$。同样，在表 2-2 中也发现最优的冷却期长度T^*随着β和c的增加而减小。这主要因为较高的β或c导致较小的促销深度X^*。进而，较小的促销深度导致较少的来自低端消费者的转换者。因此，零售商不需要等待太长时间让所有的转换者遗忘。此外，在表 2-3 中，其中$\gamma(T)$是凸的，最佳冷却期长度总是等于其上限值$T^*=N=10$，这也与命题 3 的结论一致。

表 2－2 和表 2－3 中的最后一栏“福利差异”说明了动态价格促销策略与无促销策略之间的平均福利的差异。有趣的是，本栏中的大量条目都具有负值，说明促销不一定会增加整体消费者福利。无促销和促销情境之间的剩余差异显示出与 β 和 c 的变化的非线性关系，其对非线性遗忘曲线（凹或凸）非常敏感。因此，数值模拟的结果表明了对高端产品的动态价格促销并不一定会增加消费者的整体福利。

表 2－2　当 $\gamma(T)=1-e^{-0.005T}$ 时的最佳定价和促销策略以及消费者福利

β	c	P_H^*	P_L^*	X^*	T^*	福利差异
0.1	0.1	0.554	0.050	0.036	9	−0.000 28
0.1	0.2	0.604	0.050	0.027	7	−0.295 16
0.1	0.3	0.654	0.050	0.027	7	−0.386 18
0.1	0.4	0.704	0.050	0.027	7	−0.151 11
0.1	0.5	0.754	0.050	0.027	7	−0.199 09
0.1	0.6	0.803	0.050	0.018	5	0.019 95
0.1	0.7	0.853	0.050	0.018	5	−0.010 25
0.2	0.1	0.554	0.100	0.032	8	−0.251 86
0.2	0.2	0.604	0.100	0.028	7	−0.027 90
0.2	0.3	0.654	0.100	0.024	6	−0.221 69
0.2	0.4	0.704	0.100	0.020	5	−0.021 41
0.2	0.5	0.754	0.100	0.020	5	−0.114 42
0.2	0.6	0.803	0.100	0.012	3	0.049 58
0.3	0.1	0.554	0.150	0.028	7	−0.432 43
0.3	0.2	0.604	0.150	0.028	7	−0.174 17
0.3	0.3	0.654	0.150	0.021	5	0.032 95
0.3	0.4	0.704	0.150	0.021	5	−0.099 43
0.3	0.5	0.753	0.150	0.014	4	0.021 79
0.4	0.1	0.554	0.200	0.024	6	−0.067 57
0.4	0.2	0.604	0.200	0.021	5	−0.261 96
0.4	0.3	0.653	0.200	0.018	5	0.256 81
0.4	0.4	0.703	0.200	0.012	3	0.036 59
0.5	0.1	0.554	0.250	0.020	5	−0.083 92
0.5	0.2	0.604	0.250	0.019	5	0.029 43
0.5	0.3	0.653	0.250	0.012	3	0.324 32

续表

β	c	P_H^*	P_L^*	X^*	T^*	福利差异
0.6	0.1	0.554	0.300	0.020	5	0.000 05
0.6	0.2	0.603	0.300	0.012	3	0.069 41
0.7	0.1	0.553	0.350	0.015	4	0.103 85

表 2-3　当 $\gamma(T)=0.0005\,T^2$ 时的最佳定价和促销策略以及消费者福利

β	c	P_H^*	P_L^*	X^*	T^*	福利差异
0.1	0.1	0.555	0.050	0.045	10	−0.599 58
0.1	0.2	0.604	0.050	0.036	10	−0.267 04
0.1	0.3	0.654	0.050	0.036	10	−0.358 40
0.1	0.4	0.704	0.050	0.036	10	−0.123 63
0.1	0.5	0.754	0.050	0.036	10	−0.171 94
0.1	0.6	0.803	0.050	0.027	10	−0.009 31
0.1	0.7	0.853	0.050	0.027	10	−0.022 38
0.2	0.1	0.554	0.100	0.040	10	−0.164 71
0.2	0.2	0.604	0.100	0.040	10	0.097 58
0.2	0.3	0.654	0.100	0.036	10	−0.183 17
0.2	0.4	0.704	0.100	0.036	10	0.062 24
0.2	0.5	0.754	0.100	0.032	10	−0.117 63
0.2	0.6	0.803	0.100	0.028	10	0.073 98
0.3	0.1	0.554	0.150	0.035	10	−0.488 01
0.3	0.2	0.604	0.150	0.035	10	−0.217 62
0.3	0.3	0.654	0.150	0.035	10	0.055 31
0.3	0.4	0.703	0.150	0.028	10	0.193 75
0.3	0.5	0.753	0.150	0.028	10	0.052 87
0.4	0.1	0.554	0.200	0.036	10	−0.015 11
0.4	0.2	0.604	0.200	0.036	10	−0.204 80
0.4	0.3	0.654	0.200	0.033	10	−0.077 78
0.4	0.4	0.703	0.200	0.027	10	0.033 99
0.5	0.1	0.554	0.250	0.035	10	0.009 69
0.5	0.2	0.604	0.250	0.032	10	0.062 40
0.5	0.3	0.653	0.250	0.027	10	0.317 94
0.6	0.1	0.554	0.300	0.032	10	−0.005 59
0.6	0.2	0.603	0.300	0.026	10	0.036 30
0.7	0.1	0.553	0.350	0.027	10	0.085 16

四、模型拓展：低端产品的动态价格促销

在这一节中，将进一步研究将动态价格促销策略应用于低端产品的可能性，其目标是将市场扩展到对低端产品的支付意愿低于其价格的非消费者中，$V<p_L$，也就是回答研究问题 4。与研究问题 3 的机制类似，我们认为当零售商对于低端产品进行价格促销时，一些非消费者在促销的刺激下会产生购买行为。基于学习与遗忘行为，对低端产品的价格促销结束后，由于体验到产品超预期的性能而产生的积极的不确定性，这些转换的非消费者中的一部分人对低端产品的支付意愿也会发生暂时性的增加，进而愿意在延续期以正常价格再次购买低端产品（Freimer & Horsky，2008）。为了建立模型，在这里我们引入了两个新的假设。

首先，由于非消费者在一般情况下不会购买低端产品，因此他们很可能对零售商的这个产品线并不关注，进而当零售商进行价格促销时，这些消费者可能不会对促销做出充分回应。也就是说他们很可能没有获得促销的相关信息。促销对需求的拉动效果打了折扣（Kumar & Leone，1988）。例如，如果某个消费者没有定期购买这个产品线中的产品，他不太可能去定期地检查该产品线的货架，因此可能会错过店内促销；或者，他可能不太关注特定产品的促销活动，就算是看到了促销信息也会选择忽略。因此，在模型中引入了一个新参数θ（$0\leqslant\theta\leqslant1$）来表示非消费者对于促销的响应率。

其次，当低端产品处于价格促销中时，有可能吸引一部分原本的高端消费者转而购买低端产品。这个假设与 Blattberg & Wisneiewski（1989）的研究一致，也就是虽然高端消费者被低端产品的价格促销所吸引的可能性比反过来要低，他们中仍然会有部分人会在促销时购买低端产品。此外，高端消费者对低端产品的期望往往因其消费高端产品的经验而被高估。因此，与尝试低端产品的非购买者或尝试高端产品的低端消费者相比，他们从低端产品的使用中

能获得的积极的不确定性要小得多。为了简洁，假设即使有高端消费者在促销期中购买了低端产品，但是他们不会在延续期选择继续购买。

与问题 3 的模型分析类似，假设零售商的一个促销周期包括 3 个主要组成部分：促销期、延续期以及冷却期。其中，促销期和延续期分别各持续一个时段，冷却期则会持续 T 个时间阶段（T 可以是 $1\sim N$ 范围内的值）。在冷却期内，零售商的利润是：

$$\pi_0=(P_H-c)\left[1-\frac{P_H-P_L}{(1-\beta)}\right]+P_L\left[\frac{P_H-P_L}{(1-\beta)}-\frac{P_L}{\beta}\right] \quad (2-16)$$

在促销期间，零售商在低端产品上提供折扣X_L，消费者购买高端产品的效用是$U_H=V-P_H$，购买低端产品的效用是$U_L=\beta V-(P_L-X_L)$。购买高端产品的消费者的支付意愿必须满足以下条件：

$$U_H\geqslant U_L\Rightarrow\frac{P_H-(P_L-X_L)}{(1-\beta)}\leqslant V\leqslant 1$$

$$U_H\geqslant 0\Rightarrow V\geqslant P_H$$

购买低端产品的消费者的支付意愿则需要满足以下条件：

$$U_L>U_H\Rightarrow 0\leqslant V<\frac{P_H-(P_L-X_L)}{(1-\beta)}$$

$$U_L\geqslant 0\Rightarrow V\geqslant\frac{P_L-X_L}{\beta}$$

当$U_L\geqslant 0$ 且$U_H\geqslant U_L$时，条件$U_H\geqslant 0$ 被自动满足。因此，对高端产品的支付意愿处在$\left[\frac{P_H-(P_L-X_L)}{(1-\beta)},1\right]$区间的消费者在促销期选择购买高端产品，而对高端产品的支付意愿处在$\left[\frac{P_L-X_L}{\beta},\ \frac{P_H-(P_L-X_L)}{(1-\beta)}\right]$区间的消费者在促销期选择购买低端产品。另外，低端产品的消费者可分为 3 类：处在$\left[\frac{P_H-P_L}{(1-\beta)},\ \frac{P_H-(P_L-X_L)}{(1-\beta)}\right]$区间的常规高端消费者将在促销结束后立即转回购买高端产品；处在$\left[\frac{P_L}{\beta},\ \frac{P_H-P_L}{(1-\beta)}\right]$区间的

消费者是常规低端产品消费者；而处在$\left[\frac{P_L-X_L}{\beta},\ \frac{P_L}{\beta}\right]$区间内的是非消费者，其对于低端产品的支付意愿低于其价格，如果他们在使用中获取了足够的积极的不确定性，其中的一些人会在延续期保留并继续以正常价格购买低端产品。然而，由于假设$\left[\frac{P_L-X_L}{\beta},\ \frac{P_L}{\beta}\right]$区间中的那些非消费者中只有 θ 比例的人知道促销，因此从他们中实现的销售额等于 $\frac{\theta X_L}{\beta}$。因此，促销期间零售商的利润是：

$$\pi_1=(P_H-c)\left[1-\frac{P_H-(P_L-X_L)}{(1-\beta)}\right]+(P_L-X_L)\left[\frac{P_H-(P_L-X_L)}{(1-\beta)}-\frac{P_L}{\beta}+\frac{\theta X_L}{\beta}\right] \tag{2-17}$$

与对高端产品的促销策略的分析类似，在促销期间尝试低端产品的非消费者，其对低端产品的支付意愿的增长遵循0～$\gamma_2(T)$ >0范围内的均匀分布。因此，处于$\left[\frac{P_L-X_L}{\beta},\ \frac{P_L}{\beta}\right]$区间中的非消费者在延续期以正常价格购买低端产品的可能性为 $1-\frac{p_L-\beta V}{\gamma_2(T)}$，且促销深度需满足 $X_L\leqslant\gamma_2(T)$。因此，零售商在阶段 2 的利润是：

$$\pi_2=(P_H-c)\left[1-\frac{P_H-P_L}{(1-\beta)}\right]+P_L\left[\frac{P_H-P_L}{(1-\beta)}-\frac{P_L}{\beta}+\theta\int_{\frac{P_L-X_L}{\beta}}^{\frac{P_L}{\beta}}\left(1-\frac{p_L-\beta V}{\gamma_2(T)}\right)\mathrm{d}V\right] \tag{2-18}$$

根据以上分析，计算出零售商在整个促销周期的利润密度：

$$D\pi=\frac{T\pi_0+\pi_1+\pi_2}{T+2}=\frac{(T+1)\pi_0+\pi_1+A'}{T+2}-\frac{B'}{(T+2)\gamma_2(T)} \tag{2-19}$$

式中，$A'=\frac{\theta P_L X_L}{\beta}$；$B'=\theta P_L\int_{\frac{P_L-X_L}{\beta}}^{\frac{P_L}{\beta}}\frac{p_L-\beta V}{\gamma_2(T)}\mathrm{d}V=\frac{\theta P_L X_L{}^2}{2\beta}$；$A$ 和 B 均

为正数。式（2－19）的形式与式（2－10）的形式相同，因此前文的命题 3 仍然适用于此。因此，我们有以下命题。

命题 6：在动态价格促销应用于低端产品时，当$\gamma_2(T)$是凹增函数或$\gamma_2(T)$是凸函数但其凸度不够高时，存在冷却期最优长度T^*的内部解$(T^*<N)$；当$\gamma_2(T)$是凸函数并且凸度足够高时，则冷却期最优长度T^*为边界解$T^*=N$。

接下来，计算 $D\pi$ 相对于P_H，P_L和X_L的一阶条件：

$$\frac{\partial D\pi}{\partial P_H}=-\frac{2X_L}{(T+2)1-\beta}+1-\frac{2P_H-c-2P_L}{1-\beta}=0 \tag{2-20}$$

$$\frac{\partial D\pi}{\partial P_L}=\frac{1}{T+2}\left[\frac{(2+\theta)X_L}{\beta}-\frac{\theta X_L{}^2}{2\gamma_2(T)\beta}+\frac{2X_L}{1-\beta}\right]+\frac{2P_H-c-2P_L}{1-\beta}-\frac{2P_L}{\beta}=0 \tag{2-21}$$

$$\frac{\partial D\pi}{\partial X}=\frac{1}{T+2}\left[-\frac{2P_H-c-2P_L+2X_L}{1-\beta}+\frac{(2+\theta)P_L-2\theta X_L}{\beta}-\frac{\theta P_L X_L}{\gamma_2(T)\beta}\right]=0 \tag{2-22}$$

相应地，可以得到

$$P_L=\frac{\beta}{2}+\frac{\theta X_L}{2(T+2)}\left[\frac{2}{\theta}+1-\frac{X_L}{2\gamma_2(T)}\right] \tag{2-23}$$

$$P_H=\frac{1+c}{2}+\frac{\theta X_L}{2(T+2)}\left[1-\frac{X_L}{2\gamma_2(T)}\right] \tag{2-24}$$

因为$X_L\leqslant\gamma_2(T)$且$\theta>0$,可以得出$P_L>\frac{\beta}{2}$,$P_H>\frac{1+c}{2}$和$P_L-X_L<\frac{\beta}{2}$的结论。此外,假设$\theta>0$,通过代入$P_L=\frac{\beta}{2}+\frac{\theta X_L}{2(T+2)}\left[\frac{2}{\theta}+1-\frac{X_L}{2\gamma_2(T)}\right]$和$P_H=\frac{1+c}{2}+\frac{\theta X_L}{2(T+2)}\left[1-\frac{X_L}{2\gamma_2(T)}\right]$到式（2－22）并令$X_L=0$，得到$\left.\frac{\partial D\pi}{\partial X_L}\right|_{X_L=0}=\frac{\beta}{2(T+2)}>0$。再一次，我们证明了最优的促销深度恒大于零，$X_L^*>0$，也就是动态价格促销可以在多期背景下提升零售商的利润。因此，我们获得了以下命题：

命题 7a：对于任意正值的 θ，如果零售商对低端产品进行价格促销，低端产品和高端产品的最优价格都高于没有促销的基准模型情况。然而，低端产品的促销价格总是低于不使用促销的基准模型中的价格。

命题 7b：对于任意正值的 θ，由于最优促销深度恒正，$X^* > 0$，动态价格促销策略严格优于静态、无促销策略。

五、结论与管理启示

基于 Freimer & Horsky（2008）以及 Villas-Boas & Villas-Boas（2008）对单一产品动态促销策略的文章，本研究探讨了在具有两种垂直差异化产品的产品线中使用动态价格促销的机制及相关策略。这项研究的关注点是垄断市场，市场中一个垄断零售商销售由高端和低端产品组成的产品线，其目标是最大化产品线的整体利润。

在一个多周期的研究框架下，我们结合了消费者学习、期望调整和遗忘等行为（例如，Villas-Boas & Villas-Boas，2008；Sivakumar，Li & Dong，2014；Thorndike，1913），分析了以产品线整体利润为目标的零售商如何策略性地对其高端产品进行动态价格促销，且在促销策略中，如何设定最优的价格促销深度与频率，以及产品线的最优定价。同时，还研究了动态价格促销策略对消费者福利的影响，并分析了将类似的动态价格促销策略应用于低端产品的可能性。

研究结果表明，高端产品在促销期的最佳促销深度应低于转换者（在促销期间从低端产品转向高端产品的消费者）支付意愿的短期增长幅度分布的最大可能值。在这个最佳的促销深度下，即使在延续期其价格恢复到正常水平，一些转换者仍将保留一段时间，并以正常价格购买高端产品。因此，零售商可以通过对高端产品进行动态价格促销来提高其利润。

然而，当促销期结束后，随着转换者对高端产品购买次数的增加，他们也会不断通过学习来更新（增加）其对高端产品性能的预期。由于高端产品的客观性能不会随时间改变，但转换者对其预期却随购买次数的增加而上升，因此导致他们从高端产品中获得的积极的不确定性以及支付意愿也会随购买次数的增加而减小，进而回归购买低端产品。随后，根据遗忘理论，如果不发生再次购买，这些转换者所保有的对高端产品性能及相关使用体验的记忆会随着时间而被逐渐忘记，并回调（降低）他们对高端产品的期望。当这些消费者经历了足够的遗忘后，如果此时零售商再次对高端产品进行价格促销，那些已经回归到低端产品的转换者将重新获得较高的支付意愿提升$\gamma(T)$，这表明零售商是可以通过动态促销策略来提升其利润的。

除此以外，我们的模型分析还表明，促销的最优频率取决于转换者的支付意愿提升函数$\gamma(T)$（凹或凸）的形状。当$\gamma(T)$是凹增函数或$\gamma(T)$是凸函数但其凸度不够高时，转换者的遗忘速度较慢，零售商应该在其达到遗忘的饱和点之前就启动新的促销。但是，当$\gamma(T)$是凸函数并且凸度足够高时，转换者的遗忘速度较快，此时零售商应该在其达到遗忘的饱和点时再启动新的促销。另外，模型和分析还证实了，基于消费者的学习和遗忘行为，动态价格促销策略严格优于静态、无促销策略。我们还发现，使用动态价格促销时，相较于不使用价格促销的基准模型，高端产品的正常价格上涨，促销价格下降，低端产品的正常价格则保持不变。这些结果意味着最优的动态促销策略可以抵消来自低端产品的蚕食效应，并且通过对高端产品的正常价格的提升，在一定程度上平衡了促销期间的价格折扣所导致的利润流失，进一步增加了零售商的整体利润。

虽然传统观点认为促销一定会增加消费者福利，但我们的研究发现，当产品的最优定价与动态价格促销决策相结合时，总体消费者福利不一定会增加。在某些情况下，甚至会减少。

我们还研究了将这种动态价格促销策略应用于低端产品以将市场扩展到非消费者的可能性。研究发现，只要非消费者对促销的响应率为正（$\theta>0$），动态价格促销策略仍然严格好于没有促销的策略。但与针对高端产品的促销略有不同，针对低端产品的促销会同时导致高端和低端产品的正常价格比不使用促销的基准模型都变高，而低端产品的促销价格仍然会下降。

虽然通过这个研究深入地探讨了多周期下零售商产品线动态价格促销的机制与策略，但也只是管中窥豹，动态促销领域中仍有很多亟须解决的问题。未来的研究可以将我们的研究框架推广到更复杂、更现实的市场情景中。特别是，在研究中我们假设了单一零售商的垄断市场，但在考虑了消费者的学习与遗忘行为后，动态价格促销是否在双寡头竞争的市场仍然有效，处于竞争的两方又如何制定其促销策略应该是一个很有意义也很有趣的未来研究课题。另外，我们的研究主要基于理论模型的分析，缺乏实际营销数据的支持，未来的研究也可以在这方面进行补充，通过实际数据分析或田野实验来实证地研究动态价格促销的相关问题，以提升零售商和生产商对该营销实践的理解与运用。

参考文献

［1］Allender W J，Richards T J. Brand loyalty and price promotion strategies：an empirical analysis. Journal of Retailing，2012，88（3）：323－342.

［2］Basuroy S，Mantrala M K，Walters R G. The impact of category management on retailer prices and performance：theory and evidence. Journal of Marketing，2001，65（4）：16－32.

［3］Bawa K，Shoemaker R W. The effects of a direct mail coupon on brand choice behavior. Journal of Marketing Research，2001，24（4）：370－376.

［4］Biyalogorsky E，Koenigsberg O. High-low or low-high：product-line introduction strategies. New York，Columbia Universi-

ty, 2010.

[5] Blattberg R C, Wisniewski K J. Price-induced patterns of competition. Marketing Science, 1989, 8 (4): 291-309.

[6] Bolton R N, Drew J H. A multistage model of customers' assessments of service quality and value. Journal of Consumer Research, 1991, 17 (4): 375-384.

[7] Brown S W, Swartz T A. A gap analysis of professional service quality. The Journal of Marketing , 1989, 53 (2): 92-98.

[8] Cotton B C, Emerson M B. The effects of a direct mail on brand choice behavior. Journal of Marketing Research, 1978, 24: 370-376.

[9] Dekimpe M G, Hanssens D M. Sustained spending and persistent response: a new look at long-term marketing profitability. Journal of Marketing Research, 1999, 36 (4): 397-412.

[10] Freimer M, Horsky D. Try it, you will like it-does consumer learning lead to competitive price promotions?. Marketing Science, 2008, 27 (5): 796-810.

[11] I. Geyskens, Gielens, K, Gijsbrechts E. Proliferating private-label portfolios: how introducing economy and premium private labels influences brand choice. Journal of Marketing Research, 2008, 47 (5): 791-807.

[12] Kumar V, Leone R P. Measuring the effect of retail store promotions on brand and store substitution. Journal of Marketing Research, 1988, 25: 178-185.

[13] Moorthy K S, Png Ivan PL. Market segmentation, cannibalization, and the timing of product introductions. Management Science, 1992, 38 (3): 345-359.

[14] Narasimhan C. Competitive promotional strategies. Journal of Business, 1988, 61 (4): 427-449.

[15] Nijs V R, Dekimpe M G, Steenkamp Jan-Benedict EM, Hanssens Dominique M. Tracing the impact of price promotions across categories. Tilburg University the Netherlands Working paper, 2001.

[16] Oliver R L. A cognitive model of the antecedents and consequences of satisfaction decisions. Journal of Marketing Research, 1980, 17 (4): 460-469.

[17] Oliver R L, Swan J E. Equity and disconfirmation perceptions as influences on merchant and product satisfaction. Journal of consumer research, 1989, 16 (3): 372-383.

[18] Saskatchewan Grocery Retail & Foodservice. Canadian Grocery Retail Private Label Industry Guide. http://www.saskvaluechain.ca/GRPrivate/CGPrivate032513.pdf.

[19] Silva-Risso J M, Bucklin Rh E, Morrison D G. A decision support system for planning manufacturers' sales promotion calendars. Marketing Science, 1999, 18 (3): 274-300.

[20] Sivakumar K, Li Mei, Dong B. Service quality: the impact of frequency, timing, proximity, and sequence of failures and delights. Journal of Marketing, 2014, 78 (1): 41-58.

[21] Sogomonian A G, Tang C S. A modeling framework for coordinating promotion and production decisions within a firm. Management Science, 1993, 39 (2): 191-203.

[22] Thorndike Edward Lee. The psychology of learning, Vol. 2: Teachers College, Columbia University, 1913.

[23] Villas-Boas J M. Consumer learning, brand loyalty, and competition. Marketing Science, 2004, 23 (1): 134-145.

[24] Villas-Boas S B, Villas-Boas J M. Learning, forgetting, and sales. Management Science, 2008, 54 (11): 1951-1960.

[25] Zeithaml V A, Berry L L, Parasuraman A. The nature

and determinants of customer expectations of service. Journal of the academy of Marketing Science，1993，21 (1)：1-12.

附　录

命题 1 的证明

$$\operatorname*{Max}_{P_H,P_L}\pi_{B1}=(P_H-c)\left[1-\frac{P_H-P_L}{(1-\beta)}\right]+P_L\left[\frac{P_H-P_L}{(1-\beta)}-\frac{P_L}{\beta}\right] \tag{2A-1}$$

$$\text{S. T.}\ \ p_H<\frac{p_H-p_L}{1-\beta}<1$$

求解一阶条件，得到

$$\frac{\partial\pi_{B1}}{\partial P_H}=\left[1-\frac{P_H-P_L}{(1-\beta)}\right]-\frac{(P_H-c)}{(1-\beta)}+\frac{P_L}{(1-\beta)}=0 \tag{2A-2}$$

$$\frac{\partial\pi_{B1}}{\partial P_L}=\frac{(P_H-c)}{(1-\beta)}+\left[\frac{P_H-P_L}{(1-\beta)}-\frac{P_L}{\beta}\right]-\frac{P_L}{(1-\beta)}-\frac{P_L}{\beta}=0 \tag{2A-3}$$

处理式（2A - 1）和式（2A - 2），得到$P_H^*=\frac{1+c}{2}$，$P_L^*=\frac{\beta}{2}$，$\pi_{B1}^*=\frac{(1-c)(1-c-\beta)+\beta c}{4(1-\beta)}$。

命题 2 的证明

$$\begin{aligned}\operatorname*{Max}_{X}\pi&=\pi_1+\pi_2\\&=(P_H-X-c)\left[1-\frac{(P_H-X)-P_L}{(1-\beta)}\right]\\&\quad+P_L\left[\frac{(P_H-X)-P_L}{(1-\beta)}-\frac{P_L}{\beta}\right]\end{aligned}$$

$$+(P_H-c)\left[1-\frac{P_H-P_L}{(1-\beta)}+\int_{\frac{(P_H-X)-P_L}{(1-\beta)}}^{\frac{P_H-P_L}{(1-\beta)}}(1-\frac{P_H-P_L-(1-\beta)V}{\gamma})\mathrm{d}V\right]$$

$$+P_L\left[\frac{(P_H-X)-P_L}{(1-\beta)}-\frac{P_L}{\beta}+\int_{\frac{(P_H-X)-P_L}{(1-\beta)}}^{\frac{P_H-P_L}{(1-\beta)}}\frac{P_H-P_L-(1-\beta)V}{\gamma}\mathrm{d}V\right]$$

求解一阶条件，得到

$$\frac{\partial\pi}{\partial X}=-1-\frac{1}{2}(1-c)\left[\frac{X}{2\gamma(1-\beta)}+\frac{X-2\gamma}{2\gamma(1-\beta)}\right]+\frac{\frac{1-c}{2}-X}{1-\beta}$$
$$+\frac{1+c-2X-\beta}{2(1-\beta)}+\frac{1}{2}\left[-\frac{1}{1-\beta}+\frac{c}{2\gamma(1-\beta)}-\frac{c}{2\gamma(1-\beta)}+\frac{X}{\gamma(1-\beta)}\right]\beta$$
$$-\frac{\beta}{2(1-\beta)}=0 \tag{2A-4}$$

从式（2A－4）得到：

$$X^*=\frac{(1-\beta-c)\gamma}{1-\beta-c+4\gamma} \tag{2A-5}$$

由于 $X^*=\frac{(1-\beta-c)\ \gamma}{1-\beta-c+4\gamma}$，得到 $\pi^*=\frac{(1-c)\ (1-c-\beta)+\beta c}{2\ (1-\beta)}+\frac{(1-\beta-c)^2\gamma}{4(1-\beta)\ (1-\beta-c+4\gamma)}$，这比从基准模型得到的 $2\pi_{B1}^*$ 更大。

$$\frac{\partial^2 D\pi}{\partial X^2}=-\frac{(1-\beta-c)}{2\gamma(1-\beta)}-\frac{2}{1-\beta}<0$$

命题 3～5 的证明

$$\pi=T\pi_0+\pi_1+\pi_2$$
$$=T\left\{(P_H-c)\left[1-\frac{P_H-P_L}{(1-\beta)}\right]+P_L\left[\frac{P_H-P_L}{(1-\beta)}-\frac{P_L}{\beta}\right]\right\}$$
$$+(P_H-X-c)\left[1-\frac{(P_H-X)-P_L}{(1-\beta)}\right]+P_L\left[\frac{(P_H-X)-P_L}{(1-\beta)}-\frac{P_L}{\beta}\right]$$
$$+(P_H-c)\left[1-\frac{P_H-P_L}{(1-\beta)}+\int_{\frac{P_H-P_L-X}{(1-\beta)}}^{\frac{P_H-P_L}{(1-\beta)}}\left(1-\frac{P_H-P_L-(1-\beta)V}{\gamma(T)}\right)\mathrm{d}V\right]$$
$$+P_L\left[\frac{(P_H-X)-P_L}{(1-\beta)}-\frac{P_L}{\beta}+\int_{\frac{P_H-P_L-X}{(1-\beta)}}^{\frac{P_H-P_L}{(1-\beta)}}\frac{P_H-P_L-(1-\beta)V}{\gamma(T)}\mathrm{d}V\right] \tag{2A-6}$$

$$\underset{T,P_H,P_L,X}{\text{Max}} D\pi = \frac{T\pi_0+\pi_1+\pi_2}{T+2} = \frac{(T+1)\pi_0+\pi_1+A}{T+2} - \frac{B}{(T+2)\gamma(T)} \tag{2A-7}$$

当 $A=\frac{(P_H-P_L-c)\ X}{(1-\beta)}$ 和 $B=(P_H-P_L-c)\int_{\frac{P_H-P_L-X}{(1-\beta)}}^{\frac{P_H-P_L}{(1-\beta)}}[P_H-P_L-(1-\beta)\ V]\ \mathrm{d}V=\frac{(P_H-P_L-c)\ X^2}{2\ (1-\beta)}$。$A$ 和 B 均为正数。

求解一阶条件，得到

$$\frac{\partial D\pi}{\partial T}=\frac{\pi_0-\pi_1-A}{(T+2)^2}+\frac{B\gamma'(T)}{(T+2)\gamma(T)^2}+\frac{B}{(T+2)^2\gamma(T)} \tag{2A-8}$$

$$\frac{\partial^2 D\pi}{\partial T^2}=-\frac{2(\pi_0-\pi_1-A)}{(T+2)^3}-\frac{2B}{(T+2)^3\gamma(T)}-\frac{2B\gamma'(T)}{(T+2)^2\gamma(T)^2}+\frac{B\gamma''(T)}{(T+2)\gamma(T)^2}-\frac{2B[\gamma'(T)]^2}{(T+2)\gamma(T)^3} \tag{2A-9}$$

当 $\frac{\partial D\pi}{\partial T}=0$，得到

$$\frac{\pi_0-\pi_1-A}{(T+2)^2}+\frac{B\gamma'(T)}{(T+2)\ \gamma(T)^2}+\frac{B}{(T+2)^2\gamma(T)}=0 \tag{2A-10}$$

将式（2A－10）代入式（2A－9），得到 $\frac{\partial^2 D\pi}{\partial T^2}=\frac{B}{(T+2)\gamma(T)^2}\left\{\gamma''(T)-\frac{2[\gamma'\ (T)]^2}{\gamma\ (T)}\right\}$。$\gamma\ (T)$ 的曲率决定了 $\left.\frac{\partial^2 D\pi}{\partial T^2}\right|_{T=T^*}$ 的符号，根据 F. O. C 可得 T^* 是最佳冷却期。

（1）如果 $\gamma''(T)<\left.\frac{2[\gamma'\ (T)]^2}{\gamma\ (T)}\right|_{T=T^*}\Rightarrow\left.\frac{\partial^2 D\pi}{\partial T^2}\right|_{T=T^*}<0$，

当 $\left.\frac{\partial^2 D\pi}{\partial T^2}\right|_{T=T^*}<0$，在冷却期内存在一个内部解 T。

$$D\pi=\frac{T\left\{(P_H-c)\left[1-\frac{P_H-P_L}{(1-\beta)}\right]+P_L\left[\frac{P_H-P_L}{(1-\beta)}-\frac{P_L}{\beta}\right]\right\}}{T+2}$$

$$+\frac{(P_H-X-c)\left[1-\frac{(P_H-X)-P_L}{(1-\beta)}\right]+P_L\left[\frac{(P_H-X)-P_L}{(1-\beta)}-\frac{P_L}{\beta}\right]}{T+2}$$

$$(P_H-c)\left[1-\frac{P_H-P_L}{(1-\beta)}+\int_{\frac{P_H-P_L-X}{(1-\beta)}}^{\frac{P_H-P_L}{(1-\beta)}}\left(1-\frac{P_H-P_L-(1-\beta)V}{\gamma(T)}\right)\mathrm{d}V\right]$$

$$+\frac{+P_L\left[\frac{(P_H-X)-P_L}{(1-\beta)}-\frac{P_L}{\beta}+\int_{\frac{P_H-P_L-X}{(1-\beta)}}^{\frac{P_H-P_L}{(1-\beta)}}\frac{P_H-P_L-(1-\beta)V}{\gamma(T)}\mathrm{d}V\right]}{T+2}$$

求解一阶条件，我们得到

$$\frac{\partial D\pi}{\partial P_H}=\frac{1}{T+2}\left[\frac{3X}{1-\beta}-\frac{X^2}{2\gamma(T)(1-\beta)}\right]+1-\frac{2P_H-c-2P_L}{1-\beta}=0 \tag{2A-11}$$

$$\frac{\partial D\pi}{\partial P_L}=\frac{1}{T+2}\left[\frac{X^2}{2\gamma(T)(1-\beta)}-\frac{3X}{1-\beta}\right]+\frac{2P_H-c-2P_L}{1-\beta}-\frac{2P_L}{\beta}=0 \tag{2A-12}$$

$$\frac{\partial D\pi}{\partial X}=\frac{1}{T+2}\left[-1+\frac{3P_H-2c-2X-3P_L}{1-\beta}-\frac{(P_H-c-P_L)X}{\gamma(T)(1-\beta)}\right]=0 \tag{2A-13}$$

首先，式（2A-11）+式（2A-12），得到

$$P_L^*=\frac{\beta}{2} \tag{2A-14}$$

然后，将 $P_L^*=\frac{\beta}{2}$ 代入式（2A-11），可以得到 $\left.\frac{\partial D\pi}{\partial P_H}\right|_{P_L^*=\frac{\beta}{2}}=\frac{2\gamma(T)[2+T+(2+T)c+3X-4P_H-2NP_H]-X^2}{2\gamma(T)(1-\beta)}=0\Rightarrow P_H^*=\frac{1+c}{2}+\frac{6\gamma(T)X-X^2}{4\gamma(T)(2+T)}$。我们已经在命题1中证明 $X\leqslant\gamma$，总结得出高端产品的最佳价格 P_H^* 比基准模型中不进行促销的价格 $\frac{1+c}{2}$ 更高。进一步地，得到 $P_H^*-X=\frac{1+c}{2}-\frac{\gamma(T)[4(2+T)-6]X+X^2}{4\gamma(T)(2+T)}<\frac{1+c}{2}$。这意味着当应用促销时，高端产品的促销价格小于基准模型中不进行促销的价格 $\frac{1+c}{2}$。

进一步地，将 $P_L^*=\frac{\beta}{2}$ 和 $X=0$ 代入式（2A-13），可以得到 $\left.\frac{\partial D\pi}{\partial X}\right|_{P_L^*=\frac{\beta}{2},X=0}=\frac{6P_H-2-4c-\beta}{2(1-\beta)(T+2)}$。当 $P_H^*>\frac{1+c}{2}$ 在上述过程被证明，得到 $\frac{6P_H-2-4c-\beta}{2(1-\beta)(T+2)}>\frac{6(\frac{1+c}{2})-2-4c-\beta}{2(1-\beta)(T+2)}=\frac{1-\beta-c}{2(1-\beta)(T+2)}>0$。我们总结存在正的促销深度 $X^*>0$ 去最大化零售商在整个周期的利润密度。

求解二阶条件，得到

$$\frac{\partial^2 D\pi}{\partial {P_H}^2}=-\frac{2}{1-\beta}$$

$$\frac{\partial^2 D\pi}{\partial {P_L}^2}=-\frac{2}{1-\beta}-\frac{2}{\beta}$$

$$\frac{\partial^2 D\pi}{\partial X^2}=-\frac{2}{(1-\beta)(T+2)}-\frac{(P_H-c-P_L)}{\gamma(T)(1-\beta)(T+2)}$$

$$\frac{\partial^2 D\pi}{\partial T^2}=\frac{B}{(T+2)\gamma(T)^2}\left\{\gamma''(T)-\frac{2\left[\gamma'(T)\right]^2}{\gamma(T)}\right\}<0\text{ ,其中}$$

$$B=\frac{(P_H-P_L-c)X^2}{2(1-\beta)}$$

$$\frac{\partial^2 D\pi}{\partial P_H\partial P_L}=\frac{\partial^2 D\pi}{\partial P_L\partial P_H}=\frac{2}{1-\beta}$$

$$\frac{\partial^2 D\pi}{\partial P_H\partial X}=\frac{\partial^2 D\pi}{\partial X\partial P_H}$$

$$=\frac{1}{T+2}\left[\frac{3}{1-\beta}-\frac{X}{\gamma(T)(1-\beta)}\right]>0,\text{since } X<\gamma(T)$$

$$\frac{\partial^2 D\pi}{\partial P_H\partial T}=\frac{\partial^2 D\pi}{\partial T\partial P_H}$$

$$=-\frac{1}{(T+2)^2}\left[\frac{3X}{1-\beta}-\frac{X^2}{2\gamma(T)(1-\beta)}\right]+\frac{X^2\gamma'(T)}{2\gamma(T)^2(1-\beta)(T+2)}$$

$$\frac{\partial^2 D\pi}{\partial P_L\partial X}=\frac{\partial^2 D\pi}{\partial X\partial P_L}=-\frac{1}{T+2}\left[\frac{3}{1-\beta}-\frac{X}{\gamma(T)(1-\beta)}\right]<0$$

$$\frac{\partial^2 D\pi}{\partial P_L \partial T}=\frac{\partial^2 D\pi}{\partial T \partial P_L}$$

$$=\frac{1}{(T+2)^2}\left[\frac{3X}{1-\beta}-\frac{X^2}{2\gamma(T)(1-\beta)}\right]-\frac{X^2\gamma'(T)}{2\gamma(T)(1-\beta)(T+2)}$$

$$\frac{\partial^2 D\pi}{\partial X \partial T}=\frac{\partial^2 D\pi}{\partial T \partial X}=\frac{(P_H-c-P_L)X\gamma'(T)}{2\gamma(T)^2(1-\beta)(T+2)}$$

然后得到黑塞矩阵：

$$\begin{vmatrix} \frac{\partial^2 D\pi}{\partial {P_H}^2} & \frac{\partial^2 D\pi}{\partial P_H \partial P_L} & \frac{\partial^2 D\pi}{\partial P_H \partial X} & \frac{\partial^2 D\pi}{\partial P_H \partial T} \\ \frac{\partial^2 D\pi}{\partial P_L \partial P_H} & \frac{\partial^2 D\pi}{\partial {P_L}^2} & \frac{\partial^2 D\pi}{\partial P_L \partial X} & \frac{\partial^2 D\pi}{\partial P_L \partial T} \\ \frac{\partial^2 D\pi}{\partial X \partial P_H} & \frac{\partial^2 D\pi}{\partial X \partial P_L} & \frac{\partial^2 D\pi}{\partial X^2} & \frac{\partial^2 D\pi}{\partial X \partial T} \\ \frac{\partial^2 D\pi}{\partial T \partial P_H} & \frac{\partial^2 D\pi}{\partial T \partial P_L} & \frac{\partial^2 D\pi}{\partial T \partial X} & \frac{\partial^2 D\pi}{\partial T^2} \end{vmatrix}$$

如果可以证明黑塞矩阵是负定的，那么可以证明，从一阶条件获得的最优解为利润密度最大化的全局最优解。

第一，$H_1=\frac{\partial^2 D\pi}{\partial {P_H}^2}=-\frac{2}{1-\beta}<0$。

第二，$H_2=\begin{vmatrix} \frac{\partial^2 D\pi}{\partial {P_H}^2} & \frac{\partial^2 D\pi}{\partial P_H \partial P_L} \\ \frac{\partial^2 D\pi}{\partial P_L \partial P_H} & \frac{\partial^2 D\pi}{\partial {P_L}^2} \end{vmatrix}=\frac{4}{(1-\beta)\beta}>0$。

第三，$H_3=\begin{vmatrix} \frac{\partial^2 D\pi}{\partial {P_H}^2} & \frac{\partial^2 D\pi}{\partial P_H \partial P_L} & \frac{\partial^2 D\pi}{\partial P_H \partial X} \\ \frac{\partial^2 D\pi}{\partial P_L \partial P_H} & \frac{\partial^2 D\pi}{\partial {P_L}^2} & \frac{\partial^2 D\pi}{\partial P_L \partial X} \\ \frac{\partial^2 D\pi}{\partial X \partial P_H} & \frac{\partial^2 D\pi}{\partial X \partial P_L} & \frac{\partial^2 D\pi}{\partial X^2} \end{vmatrix}$。

当 $\frac{\partial^2 D\pi}{\partial {P_H}^2}=-\frac{\partial^2 D\pi}{\partial P_L \partial P_H}$ 和 $\frac{\partial^2 D\pi}{\partial P_H \partial X}=-\frac{\partial^2 D\pi}{\partial P_L \partial X}$，得到

$$H_3=\begin{vmatrix} 0 & \frac{\partial^2 D\pi}{\partial P_H \partial P_L}+\frac{\partial^2 D\pi}{\partial {P_L}^2} & 0 \\ \frac{\partial^2 D\pi}{\partial P_L \partial P_H} & \frac{\partial^2 D\pi}{\partial {P_L}^2} & \frac{\partial^2 D\pi}{\partial P_L \partial X} \\ \frac{\partial^2 D\pi}{\partial X \partial P_H} & \frac{\partial^2 D\pi}{\partial X \partial P_L} & \frac{\partial^2 D\pi}{\partial X^2} \end{vmatrix}$$

$$=\begin{vmatrix} 0 & -\frac{2}{\beta} & 0 \\ \frac{2}{1-\beta} & -\frac{2}{1-\beta}-\frac{2}{\beta} & -\frac{1}{T+2}\left[\frac{3}{1-\beta}-\frac{X}{\gamma(T)(1-\beta)}\right] \\ \frac{1}{T+2}\left[\frac{3}{1-\beta}-\frac{X}{\gamma(T)(1-\beta)}\right] & -\frac{1}{T+2}\left[\frac{3}{1-\beta}-\frac{X}{\gamma(T)(1-\beta)}\right] & -\frac{2}{(1-\beta)(T+2)}-\frac{(P_H-c-P_L)}{\gamma(T)(1-\beta)(T+2)} \end{vmatrix}$$

$$=\frac{2}{\beta}\left\{-\frac{4}{(1-\beta)^2(T+2)}-\frac{2(P_H-c-P_L)}{\gamma(T)(1-\beta)^2(T+2)}+\frac{1}{(T+2)^2}\left[\frac{3}{1-\beta}-\frac{X}{\gamma(T)(1-\beta)}\right]^2\right\}$$

这表明$\frac{1}{(T+2)^2}\left[\frac{3}{1-\beta}-\frac{X}{\gamma(T)(1-\beta)}\right]^2\leqslant\frac{9}{(1-\beta)^2(T+2)^2}$。当$-\frac{4}{(1-\beta)^2(T+2)}+\frac{9}{(1-\beta)^2(T+2)^2}=\frac{9-4(T+2)}{(1-\beta)^2(T+2)^2}<0$在条件$T\geqslant 1$时，我们总结得出$H_3<0$。

最后，$H_4=\begin{vmatrix} \frac{\partial^2 D\pi}{\partial {P_H}^2} & \frac{\partial^2 D\pi}{\partial P_H \partial P_L} & \frac{\partial^2 D\pi}{\partial P_H \partial X} & \frac{\partial^2 D\pi}{\partial P_H \partial T} \\ \frac{\partial^2 D\pi}{\partial P_L \partial P_H} & \frac{\partial^2 D\pi}{\partial {P_L}^2} & \frac{\partial^2 D\pi}{\partial P_L \partial X} & \frac{\partial^2 D\pi}{\partial P_L \partial T} \\ \frac{\partial^2 D\pi}{\partial X \partial P_H} & \frac{\partial^2 D\pi}{\partial X \partial P_L} & \frac{\partial^2 D\pi}{\partial X^2} & \frac{\partial^2 D\pi}{\partial X \partial T} \\ \frac{\partial^2 D\pi}{\partial T \partial P_H} & \frac{\partial^2 D\pi}{\partial T \partial P_L} & \frac{\partial^2 D\pi}{\partial T \partial X} & \frac{\partial^2 D\pi}{\partial T^2} \end{vmatrix}$。

等式H_4是非常复杂和符号不确定的。但是H_4的符号只与T的内部最优解的存在有关。无论如何当$H_1<0$，$H_2>0$和$H_3<0$时，对任何的$T(1\leqslant T\leqslant N)$，有最优$P_H$，$P_L$和$X$的内部解。因此，命题4中的结论$P_H^*>\frac{1+c}{2}$，$P_L^*=\frac{\beta}{2}$和$X^*>0$仍然有效。

(2) 如果$\gamma''(T)\geqslant\frac{2[\gamma'(T)]^2}{\gamma(T)}\bigg|_{T=T^*}$，其意味着$\gamma(T)$在$T^*\Rightarrow\frac{\partial^2 D\pi}{\partial T^2}\bigg|_{T=T^*}\geqslant 0$附近凸出。由于$\frac{\partial^2 D\pi}{\partial T^2}\bigg|_{T=T^*}\geqslant 0$，冷却期的最优长度为边界解，$T=N$。零售商的最佳策略是等待$\gamma(T)$达到其饱和状态$\bar{\gamma}$。

$$D\pi=\frac{N\left\{(P_H-c)\left[1-\frac{P_H-P_L}{(1-\beta)}\right]+P_L\left[\frac{P_H-P_L}{(1-\beta)}-\frac{P_L}{\beta}\right]\right\}}{N+2}$$

$$+\frac{(P_H-X-c)\left[1-\frac{(P_H-X)-P_L}{(1-\beta)}\right]+P_L\left[\frac{(P_H-X)-P_L}{(1-\beta)}-\frac{P_L}{\beta}\right]}{N+2}$$

$$\frac{(P_H-c)\left[1-\frac{P_H-P_L}{(1-\beta)}+\int_{\frac{P_H-P_L-X}{(1-\beta)}}^{\frac{P_H-P_L}{(1-\beta)}}(1-\frac{P_H-P_L-(1-\beta)V}{\bar{\gamma}})\mathrm{d}V\right]}{}$$

$$+\frac{+P_L\left[\frac{(P_H-X)-P_L}{(1-\beta)}-\frac{P_L}{\beta}+\int_{\frac{P_H-P_L-X}{(1-\beta)}}^{\frac{P_H-P_L}{(1-\beta)}}\frac{P_H-P_L-(1-\beta)V}{\bar{\gamma}}\mathrm{d}V\right]}{N+2}$$

类似$\gamma''(T)<\frac{2[\gamma'(T)]^2}{\gamma(T)}\bigg|_{T=T^*}$的讨论，得到

$P_L^*=\frac{\beta}{2}$，$P_H^*>\frac{1+c}{2}$和$X^*>0$。

第3章

在动态促销的框架下，优惠券有效期对消费者兑换行为和品牌盈利能力的影响

本章摘要

在这一章中，我们在动态促销的框架下，通过理论模型的构建与分析，对优惠券面值及有效期与产品价格的联合优化问题进行了详细研究，并分析了优惠券设计对消费者兑换行为的影响。研究中，建立了一个包含消费者遗忘和随机兑换成本的模型，并在模型中考虑了理性消费者对优惠券的前瞻性兑换行为。模型分析结果表明，当产品价格为外生变量时，长期优惠券可以同时增加商家的利润与消费者的福利。此外，当高端消费者（忠诚消费者）和低端消费者（非忠诚消费者）的支付意愿差异或当优惠券的面值大于高端消费者的兑换成本的上限时，短期（一期）优惠

券将永远不会是商家的最优选择。进一步，当高端消费者的记忆水平足够低时，或者说当他们更容易遗忘掉其优惠券的兑换时，长期优惠券往往是最优的。虽然更长的有效期给了高端消费者更多的机会去寻找最合适的兑换时机，但也给了他们更长的时间窗口去遗忘其优惠券的兑换，导致更高的遗忘率，进而减少了高端消费者的兑换行为。同时，研究还表明有效期和面值是影响优惠券在不同消费者群体之间进行价格歧视的能力的两个重要因素，并且在应对其他销售者的正面竞争中也起着重要作用。研究中，我们还得到了一个很有趣的结论，即当高端消费者和低端消费者之间的支付意愿差异较大时（相对于兑换成本而言），使用优惠券反而会导致产品价格的下降，也就是说商家的最优策略为在使用优惠券的同时降低产品价格。直觉上，我们更倾向于认为在使用优惠券的时候，商家应该提高产品的价格，但结论却指出降价有时会更有效。此时，商家可以通过延长优惠券有效期来避免由于产品降价所导致的高端消费者的兑换。最后，通过对优惠券面值及有效期这两个因素的共同决策，可以解释营销实践中常见的各种优惠券的兑换模式，且解释框架为理性消费者，不需要引入任何非理性行为的解释机制。借助这个研究，我们通过对优惠券的面值和有效期的联合分析，丰富并拓展了价格促销领域对优惠券的理论认识与实践知识，这加深了学界与业界对优惠券内在机制的理解，对更好地实现其市场细分及市场定位这一战略目标具有重大的理论与实践意义。

一、引言

近些年来，优惠券的使用越来越普遍也越来越频繁，我们的日常生活中充斥着大量的优惠券，很多人每天都会收到或使用不同的优惠券。这种新的趋势不限于中国市场，优惠券在欧美发达国家市场也是非常重要的价格促销手段。根据 Kantar Media 公司的研究，2018 年美国市场总共发行了约 2 440 亿张优惠券，总面值超过 4 970

亿美元，平均每个美国人一年中可以分到超过 800 张优惠券，总价值超过 1 600 美元。这些优惠券的使用在很大程度上影响并提升了商家的市场需求及短期的盈利能力（Mou et al.，2018）。实践中，生产商和零售商在推出新产品的时候，经常会使用优惠券来刺激短期销售进而实现新产品的快速渗透（Freimer & Horsky，2008；Johnson，Tellis & Ip，2013）。而在成熟的市场中，优惠券也常被用来吸引市场对促销产品的注意力与关注度，从而实现产品销售的增长与竞争优势（Kogan & Herbon，2008；Martín-Herrán & Sigué，2011；Hübner et al.，2016）。

一般来说，优惠券的构成要素主要包括以下 4 个方面：优惠券的使用范围、优惠的方式、优惠券的面值以及优惠券的有效期。在实施优惠券促销策略时，生产商或零售商需要策略性地对这 4 个要素进行考虑与设计。其中，优惠券的使用范围主要指此优惠券所面向的产品，到底是针对某一个、某一类产品进行优惠，还是对商家销售的所有产品进行促销。优惠的方式主要指的是价格折扣的计算方式，比较常用的方式包括绝对价格折扣和相对价格折扣。绝对价格折扣就是在产品的标价上直接减去一定数额的价格，这种优惠方式在原价较高且购买频率较低的大件商品和耐用品中很常用。相对价格折扣则是在产品的标价上减去一定比例的价格，例如常见的 7 折优惠、减 20%等都属于相对价格折扣。不同于绝对价格折扣，相对价格折扣这种方式在原价较低且购买频率较高的小件商品或快消品中比较常用。除了以上两个因素，在使用优惠券的时候，生产商或零售商还需要确定优惠券的面值和有效期。面值是优惠券提供给消费者的折扣金额，也就是前文所说的价格促销深度，到底是减 50 元还是 100 元、是减 10%还是 20%都属于面值的决策。此外，我们在使用优惠券时还会发现，几乎所有的优惠券都会标注一个有效期，必须在此时间之前使用，过期作废。本文把优惠券发放的时间到截止日期前的时间定义为优惠券的有效期。本章的研究重点将主要关注优惠券的面值与有效期这两个因素。

尽管之前已经有研究分别考虑了优惠券的面值和有效期的决策（后面在文献综述中将详细讨论），但还未曾有研究考虑到最优面值和有效期之间的相互影响，及其对消费者的兑换模式和商家的最优策略的影响。由于优惠券策略主要由这两个决策变量组成，因此在制定策略时联合考虑它们的影响是非常重要的。面值对商家的盈利能力有重大影响，因为不同面值的优惠券会吸引不同数量和不同类型的消费者。过高的面值虽然会吸引更多的新消费者，但同时会导致更多的忠诚消费者的兑换。因此，在选择最优面值时，商家需要权衡来自吸引新消费者所带来的收益和来自其忠诚消费者的兑换所造成的利润损失。优惠券的有效期则通过影响消费者的兑换模式来对商家的盈利能力产生影响。

因此，本章的主要目的是研究优惠券面值和有效期的联合优化问题。此外，最佳的优惠券策略可以与其标的产品的常规定价策略一起制定（例如，生产商可以在使用优惠券的时候，选择提高或降低产品的销售价格）。因此，在研究中，我们既考虑价格固定的模型（价格外生的模型 1），也考虑了允许价格作为决策变量变化的模型（价格内生的模型 2）。另外，还研究了不同的优惠券设计策略（面值和有效期）如何影响消费者的优惠券兑换行为。最后，将该模型扩展到一个双寡头垄断场景，即两个相互竞争的商家使用优惠券来吸引非忠诚或低价值的消费者的场景。

在价格外生和价格内生这两个情境下，我们提出了一个得出优惠券最优面值和最优有效期的分析模型。模型假设消费者是理性的且具有前瞻性，还考虑了消费者遗忘和其随机兑换成本的影响，这大大丰富了此研究的有效性与实用性。“前瞻性消费者”一词指的是消费者在行动前会进行战略性的思考，权衡当前和未来的收益，并据此来确定其行动决策。具体来说，在优惠券的兑换决策中，他们会评估当前兑换和未来兑换的收益，比较并确定优惠券兑换的最佳时机。而遗忘是几乎所有跨期兑换行为中的常态，因为消费者在选择等待未来更好的兑换时机的过程中，可能会丢失或忘记去兑换他

们的优惠券（Silk，2008；Su，Zheng & Sun，2014）。除了前瞻性和遗忘这两个因素，优惠券的兑换成本也是影响消费者兑换行为的重要决定因素。一般来说，优惠券的兑换过程往往伴随一定的成本，这些成本主要包括去往零售商所在地的通勤成本，以及优惠券兑换过程中由于时间和精力投入而导致的交易成本，例如消费者在兑换时需要找出对应的优惠券，整理好，并带到商店以获得折扣。在不同的购物情境下，优惠券的兑换成本也会有差别。因此，在分析中我们引入了随时间变化的随机兑换成本这一因素（Chen，Moorthy & Zhang，2005；O'Donoghue & Rabin，1999；Chun，2012）。虽然前人的研究中考虑过消费者遗忘（Su，Zheng & Sun，2014）和优惠券的随机兑换成本（Chen et al.，2005；Chun，2012），但都没有探讨优惠券有效期决策对其最优策略的影响。

近些年来，虽然数字化的新型优惠券的使用越来越普及，但事实上绝大多数的优惠券仍然是以传统的纸质印刷品形式来发放的。据统计，在美国 2018 年发行的 2 440 亿张优惠券中，94%是通过印刷广告中的独立插页发放的，只有 1.5%是数字化的优惠券。[①] 此外，根据 News America Marketing 在 2015 年的研究报告，传统纸质优惠券具有更高的兑换率，其兑换率是数字化优惠券的 8 倍。然而近年来，业界和学界对数字化优惠券都表现出极大的兴趣，对其关注度逐年提高（Li，Liou & Ni，2019；Sahni et al.，2016；Shaffer & Zhang，2002），因此，虽然本研究主要框架是传统的纸质优惠券，但未来的研究必须要推广到数字化优惠券。

通过对优惠券的面值与有效期的联合优化模型的研究，我们得到了一系列重要研究结论，涵盖优惠券的最优面值和有效期决策、优惠券作为价格歧视手段的机制，以及优惠券不同兑换模式的解释等几个主要方面。具体结论总结如下。

---

① NCH U. S. CPG Coupon Facts：Year-end 2018. Https://www. nchmarketing. com/couponindustrytrends. aspx. Assessed March 22，2019.

1. 优惠券的最优面值和有效期决策

首先，对于优惠券的最优面值和有效期，我们发现不管对于产品价格外生模型（详见表 3－4 和附录 3C），还是产品价格内生模型（详见表 3－7 和表 3－8），商家都可以通过对这两个因素的联合优化决策来获得更高的利润。具体来说，较长期的优惠券将导致低端消费者兑换的增加，有利于商家的利润，但也会由于高端消费者兑换的增加而导致利润流失。因此，商家在制定其优惠券策略时，需要权衡这两方面潜在的收益和损失。当高端消费者的兑换率足够低时，有效期较长的优惠券是最优选择，反之，有效期则应该短一些。另外，在产品价格为外生变量时，当高端消费者和低端消费者的支付意愿差异或当优惠券的面值大于高端消费者的兑换成本的上限时，有效期短的（一期）优惠券永远不会是最优的。除此以外，还证实了消费者福利总是随着优惠券有效期的延长而增加。这主要因为更长的有效期可以给消费者在确定最佳兑换时间（即寻求更低的兑换成本）方面更大的灵活性。尽管较长的有效期有些时候会伴随着较高比例的优惠券遗忘或遗失，但总体上消费者仍然可以从中获利。最后，在产品价格为内生变量时，当高端消费者和低端消费者的支付意愿差异较大（相对于兑换成本）时，商家可以通过在发放优惠券的同时对产品进行降价，并延长优惠券的有效期来获得更高的利润。

2. 优惠券作为价格歧视手段的机制

研究表明，通过联合决策优惠券的面值和有效期，商家可以有效地调整高端消费者与低端消费者的兑换行为，并基于其兑换行为的差别来实现价格歧视，也就是鼓励低端消费者进行兑换的同时，尽量抑制高端消费者的兑换。这个结论拓展了之前学者对优惠券的价格歧视机制的研究，将有效期这一重要因素引入到价格歧视实现的决策中（Dhar & Hoch，1996；Narasimhan，1984）。

3. 优惠券不同兑换模式的解释

如前所述，优惠券的面值和有效期在消费者的兑换行为中起重要作用。之前的实证研究在对优惠券的不同兑换模式的解释过程中往往选择归因于消费者的非理性行为（例如后悔、拖延等）。不同于这些基于非理性假设的研究，我们的研究则是在理性与前瞻性消费者的假设下，提供了对优惠券不同兑换模式的新的解释机制。我们发现，优惠券的面值和有效期的不同组合可以解释事件中普遍存在的不同的兑换模式，包括单调下降的兑换模式，即大多数优惠券在早期就被兑换；以及先下降后上升的模式，即优惠券的兑换首先随着时间的推移而减少（Neslin，1990），在接近有效期的末尾时经历一个兑换的剧烈上升（Inman & McAlister，1994）。

除了以上三个基于垄断市场的研究，我们还将模型扩展到两个商家竞争的双寡头垄断情境。模型中，处于竞争状态的两个商家分别保有其自身的忠诚消费者群体（高端消费者），都希望通过使用优惠券来争取市场中不属于任何一方的非忠诚消费者（低端消费者）。在这个过程中，商家一方面要考虑获得非忠诚消费者带来的好处，另一方面还要考虑由于其自身忠诚消费者的优惠券兑换行为导致的利润损失。通过对这两方面考虑的分析，推导出了两个商家在使用优惠券策略时的均衡条件，并分别给出了在均衡下各自优惠券的最优面值与有效期决策。具体来说，我们发现，当短期（一期）优惠券对于至少一个商家来说是最优时，它们可以通过在不同时间交替发放各自的优惠券来避免正面竞争。然而，当使用长期（三期）优惠券对双方都是最优时，根据不同的具体情况，存在不同的均衡策略。一种均衡策略是，双方都会选择在同一时间发放长期优惠券来直接竞争，此时消费者需要在两方的优惠券中选择面值更高的优先兑换。另一种均衡策略为，其中的一方使用次优的短期（一期）优惠券，另一方仍然使用长期（三期）优惠券。此时，短期优惠券的发放时间晚于长期优惠券的发放时间，并以此来避免两者的直接竞争。

以上结论对于营销管理者最优优惠券策略的制定与实践具有重大的意义。首先，为营销管理者提供了优惠券使用的理论依据与详细的行动路线，帮助他们清楚地知晓在什么条件下应该使用什么样的优惠券面值和有效期的组合，来实现利润的最大化。其次，还详细论述了在使用优惠券的时候，产品定价策略应该如何进行相应的调整。特别地，我们指出了某些情况下，为了尽量避免高端消费者的兑换行为，应该在使用优惠券的同时，降低其产品的价格。此时，优惠券应具有较低的面值以及较长的有效期。再次，我们证明，联合考虑优惠券的面值和有效期，可以极大地提升其作为价格歧视工具的有效性，同时也可以作为应对市场竞争的重要战略工具。最后，通过对优惠券面值及有效期这两个因素的共同决策，可以解释营销实践中常见的各种优惠券的兑换模式，帮助管理者更加有的放矢地通过优惠券来实现市场细分及市场定位的战略目标。

本章后面几节的内容安排如下。下一节将回顾相关文献并明详细说明我们相较于这些研究的新贡献。在第三和第四节中，通过对产品价格外生或内生模型的分析，研究了包括优惠券面值和有效期在内的优惠券设计决策，同时解释了消费者在不同优惠券策略下的不同兑换行为以及背后的机制。在第五节中，将模型分析扩展到双寡头垄断市场，研究了竞争公司如何策略性地设计并使用优惠券。最后一节对本研究的理论贡献与实践意义进行了归纳与总结。

二、文献综述

由于优惠券是刺激消费者对新产品进行尝试性购买或对成熟产品加快购买的重要工具，如何合理设计优惠券以求获得更高收益一直是学者及从业者关注的焦点。本书在重点关注优惠券的面值和有效期的前提下讨论了优惠券设计的理论研究。因此，在这一节中我们将主要从优惠券面值、优惠券有效期、优惠券兑换模式这 3 个方面出发，对与优惠券决策相关的理论与实证研究进行介绍和总结 (Kumar & Swaminathan，2005)。

1. 优惠券面值

从 20 世纪 80 年代起，营销学者就开始关注优惠券最优面值问题，也做了大量探索性研究(Narasimhan,1984；Raju,1995；Anderson & Song,2004；Martín-Herrán & Sigué,2015)。Raju(1995)对早期的促销理论模型进行了深入回顾。

Narasimhan (1984) 开创性地将优惠券定义为一种可以有效区分忠诚和非忠诚消费者的价格工具，其核心目的是在不同类型的消费者中实现价格歧视机制。Narasimhan (1984) 的研究主要基于理论模型的分析，模型中考虑了忠诚和非忠诚两类消费者，忠诚消费者会以产品的标价购买，非忠诚消费者只会在优惠额度足够大的时候才会购买。研究对非忠诚消费者的优惠券兑换行为为商家带来正向的收益，以及忠诚消费者的兑换行为带来的损失进行了比较与权衡，发现商家可以通过优化优惠券面值来实现利润最大化。此时，优惠券的作用是实现了对两类消费者的区别定价，也就是价格歧视机制。Anderson & Song (2004) 扩展了 Narasimhan (1984) 的工作，考虑了不同消费者兑换成本的异质性，也就是假设忠诚消费者(或称高端消费者)具有比非忠诚消费者(或称低端消费者)更高的优惠券兑换成本。通过引入异质性的兑换成本，Anderson & Song (2004) 发现当高端消费者与低端消费者的支付意愿差别较大时，商家最优的策略是在提供优惠券的同时对产品进行降价，这与直觉上打折时提价的认知是相反的，这也是这个研究的重要贡献和亮点。

Martin-Herran & Sigue (2015) 在供应链的场景中研究了终端市场促销和供应链中企业促销的联合应用机制。在他们的研究框架中，生产商在使用价格促销时有两种选择，一种是面向终端市场消费者的优惠券(拉式促销)，另一种是面向供应链中下游零售商的企业促销(推式促销)。其中，优惠券是以粘贴到产品外包装的方式发放给消费者的，也就是消费者只有完成首次原价购买后，才能从产品的包装上得到优惠券，并在下一次购买中使用并获得相应的优惠。研究中，Martin-Herran & Sigue (2015) 假设了两期销售模型，首先生产商确定第一期的零售价，然后再基于第一期购买的消费者在第二期的优惠券使用行为，来确定最优的优惠券面值和企业促销深度。他们的研究结论表明拉式促销与推式促销并不是两个割裂的手段，在均衡策略下，生产商有时候会同时使用拉式的优惠券和推式的企业促销，来实现利润最大化。他们的研究也表明，总的来说，优惠券所导致的利润上升更高，生产商更喜欢优惠券而不是企业促销。

基于以上的文献总结，我们发现近30年来，优惠券面值一直是营销学者关注的热点，相关研究一直持续到今天。相较于前人的研究，我们对优惠券面值的研究与Anderson & Song (2004) 的工作密切相关，并从几个方面对他们的研究进行了有益扩展。首先，我们提出了一个动态模型（而不是以前的静态模型），在这个模型中，消费者的优惠券兑换行为并不是在一次购买过程中就完成的，而是可以在优惠券有效期内的多次购买情境中选择最佳的时间进行兑换。其次，由于消费者的兑换窗口是一个较长的时间，因此模型中还考虑了在这个过程中消费者的遗忘行为，以及随时间变化的随机兑换成本。最后，也是最重要的，不同于以往工作的是，我们同时研究了最优优惠券有效期和面值，这也是文献中首次对这两个因素进行联合研究。

2. 优惠券有效期

过往的研究中，比较普遍的情况是在一个多期的购买情境内研究优惠券的决策，但很少有学者将优惠券的有效期纳入最优决策的制定框架中。作为对优惠券有效期的早期探索，Krishna & Zhang (1999) 通过模型分析，研究了在双寡头竞争下（品牌A与品牌B），竞争的双方如何在短期（一期）或长期（两期）的优惠券中选择最优的优惠券有效期。在他们的模型中，一部分消费者是品牌A的忠诚消费者，一部分消费者是品牌B的忠诚消费者，剩下的消费者对两个品牌没有偏好。两个品牌通过提供不同有效期的优惠券来竞争这部分没有品牌偏好的消费者。研究发现，相较于短期优惠券，有效期更长的优惠券的兑换率更高，而这些兑换包含了品牌自身的忠诚消费者、没有品牌偏好的消费者，以及部分竞争品牌的忠诚消费者。从这个角度来看，有效期较长的优惠券往往对市场份额较小的品牌更有利。因为市场份额较小的品牌需要承担的来自自身忠诚消费者的兑换要低于市场份额较大的品牌，且它可以通过优惠券所吸引的市场反而高于市场份额较大的品牌，这一点在优惠券具有较长的有效期时变得更加明显。也就是说，市场份额较小的品牌可以从使用长期优惠券中获取更多的收益。我们对优惠券有效期的研究与 Krishna & Zhang（1999）的工作关系最为密切。然而，与他们的研究不同，我们在研究中还考虑了不同的面值、消费者遗忘率和随机兑换成本这些因素的影响。

除此以外，Trump（2016）通过实验的方法，测量了消费者对短期和长期（1 天 vs. 1 个月）优惠券的态度，并发现短期优惠券会显著降低消费者对商家及其品牌的态度，而长期优惠券则不会有这种负面影响。进一步的研究还表明，由短期优惠券所导致的负面态度会随着优惠券面值的提升（从 10%折扣提升到 50%折扣）而减弱。Trump（2016）将这些结果归因于阻抗理论（reactance theory），也就是消费者对短期优惠券的时间限制做出了负面反应，进而将这种负面反应拓展到了其对商家品牌的态度中。然而，Trump（2016）的重点在探究优惠券有效期和消费者态度的关系上，而没有涉及对优惠券面值和有效期的最优决策的设计，这是本研究所要解决的重点问题。

3. 优惠券兑换模式的实证研究

Ward & Davis（1978）通过数据分析发现，优惠券的累计兑换率随时间呈凹形增长，这表明大多数优惠券在发放的早期就被兑换，并且兑换率随着时间的推移而减少。不同于 Ward & Davis（1978），Inman & McAlister（1994）通过实证分析发现了优惠券的另一种 U 形兑换模式。在这种模式下，随着时间的推移，优惠券的兑换率首先会下降，但这种下降会在优惠券的有效期截止日附近急剧上升，出现一个兑换高峰。这两位学者使用后悔理论解释了这一现象，该理论认为，随着优惠券有效期截止日的临近，消费者感知到的错过最后有效期的预期后悔会快速增加，由于害怕错过而导致后悔，这些消费者会选择在截止日之前集中完成兑换。

Shu & Gneezy（2010）尝试使用消费者兑换中固有的拖延行为来解释前人研究发现的不同兑换模式。他们的分析主要建立在资源闲置理论的基础上（Zauberman & Lynch，2005），该理论认为时间投资相对于金钱投资有更大的折扣，也就是说相较于未来的金钱，人们认为未来的时间贬值的速度更快。这种折扣的差异是由于人们常常错误地认为他们将来会比现在拥有更多的空闲时间，而不一定拥有比现在更多的金钱资源。因此，这种对未来空闲时间的过度估计导致人们在优惠券的兑换中产生了拖延行为。同时，Shu & Gneezy（2010）还利用了时间建构理论（Trope & Liberman，2003）来研究消费者如何在短期和长期内处理非货币成本和收益。时间建构理论认为，从长远来看，个体更倾向于关注任务的必要性，但当任务接近完成时转而关注任务的可行性。所有这些理论都表明，从成本效益的角度来看，消费者通过兑换优惠券所获取的收益放到未来的时刻会显得更大。基于以上的理论和概念所引起的消费者的拖延行为，Shu & Gneezy（2010）假设并证实了相较于有效期较长的优惠券，那些有效期更短的优惠券反而会有更高的兑换率，也就是说增加优惠券的有效期反而会降低其兑换率。然而，尽管有效期长的优惠券的兑换率更低，但他们的研究却发现消费者对较长的兑换时限表现出更高的满意度。类似地，Soman（1998）的研究也发现了消费者对优惠券兑换成本的厌恶与优惠券的有效期长度之间存在负向关系。具体而言，他发现当优惠券的有效期从“一周内”增加到“两周内”时，人们对兑换成本的厌恶感会显著降低。

综上所述，过往的研究更多的还是集中在对优惠券的面值的优化上。虽然有些学者已经开始关注优惠券的有效期在其策略中的重要性，但是这些研究主要探究消费者行为层面的问题，也就是对于不同的优惠券有效期，消费者的态度以及相应的兑换行为和模式有哪些不同。不过，这些行为相关的研究为我们研究优惠券的最优有效期策略打下了良好的理论和逻辑基础。归纳起来，过往的实证研究对于有效期较长的优惠券发现了两种不同兑换模式：一种是兑换率随着时间的推移而减少；另一种是 U 形兑换模式，也就是随着时间的推移，优惠券的兑换率首先会下降，但会在优惠券的有效期截止日附近出现一个兑换高峰。然而，这些学者在试图解释不同的兑换模式时，往往依靠的是包括后悔、拖延、高估未来时间资源等在内的消费者的非理性行为，而我们的研究试图从理性消费者的视角对这些兑换模式提出新的解释机制，进而根据这个机制来指导优惠券最优有效期的决策。基于非理性和理性行为的这两种视角在基本假设上具有很大的不同，例如，Inman & McAlister（1994）在研究中假设消费者是非理性的，也就是说他们只有经历过后悔之后才会对后悔做出预期或反应。相反，在我们的理性假设下，前瞻性消费者会提前评估由于没有兑换优惠券而导致的遗憾或损失，并会据此来规划其优惠券兑换决策。当然，理性消费者的假设并不是凭空而来的，O'donoghue & Rabin（1999）的研究中已经明确指出消费者中存在非理性的短视消费者，同时存在理性的前瞻性消费者，前者只有在行为产生结果时才会获得正确的感知，而后者可以通过经验和观察有效地预测不同行为可能导致的不同后果，其行为决策比非理性消费者更有前瞻性且收益更高。因此，在后文的模型分析中，我们假设消费者会通过对未来的事件的预测来指导其当前行为的决策。

三、价格外生时的优惠券设计决策（模型 1）

为了避免混淆，我们的研究首先从垄断情境开始。假设市场中存在唯一的垄断零售商，且该零售商经营一个产品，其目的是通过对其产品使用优惠券来刺激购买，进而实现利润最大化，优惠券策略的决策因素包括最优面值和有效期。虽然垄断情境在现实中是一个较强的假设，但此假设在整合渠道中还是有其合理性的。整合渠道指的是渠道中包括生产商、批发商和零售商在内的上下游所有供应商共享市场信息，协同制定销售策略，其目标是最大化全渠道利润，并按各自的贡献和话语权分配渠道利润。此时，渠道所有参与者以整合的单一体来制定定价和优惠券策略以最大化渠道利润。除此以外，对于那些渠道中具有压倒性话语权的生产商或零售商可以独立决策其产品的定价和促销策略的情况，垄断市场的假设也比较适用。例如，索尼和博士等电子产品生产商直接向消费者销售产品，并提供促销优惠。此外，许多像史泰博这样的零售商使用针对消费者的优惠券。当然，我们的研究不限于垄断市场假设，在后面的模型扩展中，还将研究在双寡头市场中两个竞争商家的优惠券有效期和面值的联合优化问题。

进一步，在模型 1 中，假设一个多周期的销售框架，也就是垄断商家的产品销售持续多个周期。同时，与 Narasimhan（1984）相似，假设市场中存在两种类型的消费者：高端消费者（高价值或忠诚消费者）和低端消费者（低价值或折扣倾向型消费者），其支付意愿分别为V_H和$V_L(<V_H)$。每个消费者（高端消费者或低端消费者）在每一个销售周期内只会最多购买一个产品，并且兑换一次优惠券。高端消费者的市场规模为n_H，低端消费者的市场规模为n_L。假设价格是固定的，由商家决定包括优惠券面值和有效期决策的最佳优惠券设计。在后面的模型 2 中，将放宽这个假设，允许产品的价格在商家提供优惠券时变化。

基于两类消费者的支付意愿，商家产品的常规价格可以是高价或低价：$p=V_H$或 $p=V_L$。显然，当常规价格为 $p=V_L$时，高端消费者和低端消费者都购买产品，此时商家在每一个销售期内的利润为$(n_H+n_L)V_L$。此时，由于市场中所有的消费者都会购买产品，如果选择提供优惠券，并不会给商家带来额外的市场需求，导致商家的利润将小于$(n_H+n_L)V_L$。因此，在这种情形下，提供优惠券是无利可图的。所以，在后面的分析中，主要关注模型 1 中$p=V_H$的情况。也就是说在不使用优惠券的时候，商家将常规价格设为 $p=V_H$

所获得的利润要高于设为 $p=V_L$，即 $n_H V_H > (n_H + n_L) V_L$。

商家的优惠券决策包括确定最优的优惠券面值（X）和优惠券的有效期。这里，为了模型的简洁，假设优惠券的有效期可以是一个、二个或者三个周期，分别表示短期、中期和长期的优惠券。此外，还假设所有的销售周期都是事前相同的，但是消费者在每个周期内的具体兑换成本因周期而异，这主要由于兑换成本的随机性。这种假设的主要好处在于，销售的周期性特征不会影响我们的研究结果。接下来列出与我们的模型相关的其他关键假设A1～A3。

A1. 遗忘/记忆：遗忘在沟通模型中有着悠久的历史，简单来说，遗忘就是消费者会随着时间流逝忘记过去的信息（Keller，1987；Tellis，1998）。此外，根据实证分析观察到的优惠券兑换率随时间下降的模式与消费者遗忘这一概念非常吻合（Inman & McAlister，1994；Ward & Davis，1978）。虽然遗忘的行为几乎不需要理由，但是遗忘曲线具体形式的假设需要相关文献的进一步支持。Rubin & Wenzel（1996）通过对 210 组已公布的回忆数据集进行元分析，发现指数函数对人们的残余记忆（遗忘后的记忆）具有最佳的拟合度。因此，本研究也假设消费者的残余记忆会随着时间呈指数衰减。

除此以外，还假设在每一个购买周期，高端消费者和低端消费者都需要决定到底是立即兑换其持有的优惠券还是推迟兑换，而这个决定主要受到当期的兑换成本以及优惠券面值的影响。具体来说，相较于优惠券的面值，如果当期的兑换成本较高，消费者更可能会选择推迟兑换，因为未来他们有一定概率面对较低的兑换成本。当然，推迟兑换并不是没有成本的，消费者需要面对在等待期可能忘记或遗失优惠券的风险。进一步，假设在每一个时期，消费者有 $\mathrm{Min}(\alpha_i X, 1)$($i=H$ or L)的概率会仍然记得（不忘记）其所持有的优惠券。这里假设记忆的概率与优惠券的面值 X 成正比例 $\alpha_i X$，这主要源于逻辑上消费者会更倾向于记住那些面值高的优惠券。据此，消费者在每一个时期遗忘其优惠券的概率为 $1-\mathrm{Min}(\alpha_i X, 1)$，其中

α_i表明记忆的强度，这在数学上与之前研究中所确定的指数衰减率相同。需要说明的一点是，使用 Min($\alpha_i X$，1）的数学形式主要是基于消费者的记忆率不能超过 1，以避免对于那些面值较大的优惠券数学上的记忆率超过 100%。

最后，假设一旦消费者忘记了优惠券，他们将不会在未来的时间内回想起它。因为消费者每天都会通过包括电子邮件、移动应用程序和优惠券小册子等多种渠道获得大量的优惠券，因此一旦忘记或丢掉某个优惠券他们很难再想起来或找回来。这一假设与之前的研究中使用的假设相似，并且通过它可以大大简化模型分析，有助于更清晰地理解消费者兑换行为的基本性质。在补充材料 A 中，对于在模型中加入消费者遗忘后的回想也进行了分析，证明了这个因素的考虑并不会影响我们的主要研究结果。此外，由于所有周期都相同，因此在任何两个周期内消费者都会以 Min($\alpha_i X$，1）的概率保留其记忆。

A2. 随机兑换成本：接下来，假设消费者的优惠券兑换成本会随着时间而变化。这与前人的研究结论是一致的，即感知到的时间压力是消费者决定是否兑换优惠券的重要影响因素（Vermeir & Van Kenhove，2005）。由于在兑换优惠券的时候，消费者需要付出一定的时间成本来针对不同的产品收集、整理、选择适当的优惠券，以及将优惠券带到商店，因此当其面对较高的时间压力时就会有较少的额外时间用于兑换其优惠券，也就是说，消费者的时间压力某种程度上提高了其兑换优惠券的成本。

此外，还进一步假设，随着消费者的购物情境在不同周期的变化，其所面对的兑换成本将会随时间推移而随机变化（Chen et al.，2005；O'Donoghue & Rabin，1999）。举例来说，有些时候，消费者可能面对较高的工作或家庭压力，进而导致更高的时间压力以及优惠券的兑换成本；当他们闲暇的时候，其所面对的时间压力以及优惠券的兑换成本则较低。此外，当消费者进行“计划好的”购物行程时，其兑换优惠券的成本往往较低，而对于“匆忙的”购物而言则较高（Vermeir & Van Kenhove，2005）。通过以上讨论，假设两类消费者在每一周期的购买时所要面对的优惠券兑换成本是随机分布的，也就是有一定的概率面对的是高兑换成本（c_{ih}；$i=H$ or L），也有一定的概率面对的是低兑换成本（c_{il}；$i=H$ or L），其中 H，L 分别代表高端和低端消费者。在不失一般性的情况下，假设高端消费者和低端消费者的低兑换成本都为 0，即$c_{il}=0$。另外，由于低端消费者属于折扣倾向型消费者，他们更乐于也更善于使用优惠券，因此拥有更多的优惠券使用经验，也就是更低的兑换成本，即$c_{Lh}\leqslant c_{Hh}$。最后，我们假设在每一个购物周期中，高端与低端消费者面对低兑换成本的概率是β_i（$i=H$ or L），且 $0\leqslant\beta_i\leqslant 1$；那么，他们面对高兑换成本的概率则为 $1-\beta_i$。以上关于消费者随机兑换成本的假设及相关的数学表达与 O'Donoghue & Rabin（1999）以及 Chen et al.（2005）研究中的假设一致。

A3. 模型中信息的结构与时序：由于我们的模型是一个动态的框架，且模型中两类消费者和商家之间存在着博弈关系，因此在这部分我们主要介绍模型中消费者与商家之间的信息结构以及模型构建中不同行为和决策的时间顺序。

首先，假设所有参数，即V_i，X，α_i，β_i，c_{il}和 c_{ih}，对于两种类型的消费者来说都是已知的，但兑换成本在每一个周期是随机的且事先未知。此外，在每一个周期的开始，消费者就会知道他们在该周期的兑换成本，而未来周期的兑换成本仅在概率上已知。消费者在第一周期会得到一张优惠券，这里假设他们的遗忘只从第二周期开始。同样，这种信息结构和时间的基本要素与 O'Donoghue & Rabin（1999）以及 Chen et al.（2005）的研究中的假设相似。

接下来，将分析前瞻性消费者在整个多期销售中的效用最大化决策，决策的要素包括是否购买产品以及是否兑换优惠券。如上所述，我们知道低端消费者在商家提供优惠券的情况下才会选择购买产品，而高端消费者则在每一个购物周期都会购买，但差别在于他们有时会选择使用优惠券，有时会选择以原价购买。两类消费者在购买时都会决策是否在当期兑换优惠券或者选择等待。等待与否取决于其当期所面对的兑换成本高低，即消费者是处于低成本还是高成本状态。

1. 前瞻性消费者的优惠券兑换行为

考虑到不同的兑换成本，首先列出了这两种消费类型可能的购买决策和相应的效用。由于常规产品价格为 $p=V_H$，当两种类型的消费者的兑换成本都很高，即为 c_{ih} 时，消费者有三种选择，相应的效用为：

$$\begin{cases} \text{a. 使用优惠券购买，} \Rightarrow U_{ia}=V_i-p+(X-c_{ih}) \\ \qquad\qquad\qquad\qquad\quad =V_i-V_H+(X-c_{ih}) \\ \text{b. 不使用优惠券购买，} \Rightarrow U_{ib}=V_i-p=V_i-V_H \\ \text{c. 不购买，} \Rightarrow U_{ic}=0 \end{cases} \tag{3-1}$$

当兑换成本较低时，即为 c_{il} 时（已经假设 $c_{il}=0$），消费者有两个选择：

$$\begin{cases} \text{d. 使用优惠券购买，} \Rightarrow U_{id}=V_i-p+X=V_i-V_H+X \\ \text{e. 不购买，} \Rightarrow U_{ie}=0 \end{cases} \tag{3-2}$$

一个重要的问题是消费者到底应该立即兑换优惠券，还是推迟到下一个周期再兑换。因为是否兑换是兑换成本和优惠收益（面值）之间的权衡，接下来研究消费者的优惠券兑换行为，这取决于优惠券的面值（X）高于还是低于兑换成本。

（1）当面值不低于成本，即 $X\geqslant c_{ih}$ 时，消费者在以下情形中将推迟兑换：

A. $U_{ia}<0$ 且 $U_{id}\geqslant 0 \Rightarrow \mathrm{Max}(V_H-V_i, c_{ih})\leqslant X<V_H-V_i+c_{ih}$。

由于 $U_{ia}<0$ 且 $U_{id}\geqslant 0$，消费者只在成本低时兑换其优惠券，$c_{il}=0$。据此，得到一、二、三期优惠券在各期的兑换率如表 3-1 所示。将表 3-1 中所示的兑换模式称为模式 1。模式 1 的兑换率呈单调下降趋势，也就是大多数优惠券在其发放早期被兑换，并且兑换率随着时间的推移而减少（Ward & Davis，1978）。除此以外，在后面的分析中我们还定义了另外两个兑换模式：模式 0 和模式 2。其

中，模式 0 表示的是所有消费者在获得优惠券后立即兑换，也就是说所有的兑换行为都在第一个周期内完成。模式 2 表示的是一种非单调的兑换模式，其兑换率首先呈单调下降趋势，然后在接近截止日期时出现一个峰值（Inman & McAlister，1994）。

表 3-1　当 Max（V_H-V_i，c_{ih}）$\leqslant X<V_H-V_i+c_{ih}$ 时，不同有效期的优惠券（一期、二期和三期）在不同周期的兑换率

	一期优惠券	二期优惠券	三期优惠券
周期 1	β_i	β_i	β_i
周期 2		$\mathrm{Min}(\alpha_i X,1)(1-\beta_i)\beta_i$	$\mathrm{Min}(\alpha_i X,1)(1-\beta_i)\beta_i$
周期 3			$\mathrm{Min}(\alpha_i X,1)^2(1-\beta_i)^2\beta_i$

显然，对于模式 1，两期优惠券的总兑换率超过了一期优惠券的总兑换率。此外，因为 $\beta_i+\mathrm{Min}(\alpha_i X,1)(1-\beta_i)\beta_i>\beta_i$ 以及 $\beta_i+\mathrm{Min}(\alpha_i X,1)(1-\beta_i)\beta_i+\mathrm{Min}(\alpha_i X,1)^2(1-\beta_i)^2\beta_i>\beta_i+\mathrm{Min}(\alpha_i X,1)(1-\beta)\beta_i$，发现三期优惠券的兑换率之和超过了两期优惠券的兑换率。除此以外，由于 $\beta_i>\mathrm{Min}(\alpha_i X,1)(1-\beta_i)\beta_i>\mathrm{Min}(\alpha_i X,1)^2(1-\beta_i)^2\beta_i$，在模式 1 中，两期和三期优惠券的兑换率均随着时间呈下降趋势。上述数学推导中使用了条件：$\mathrm{Min}(\alpha_i X,1)\leqslant 1$ 和 $\beta_i\leqslant 1$。综上所述，得到了命题 1：

命题 1：当 $\mathrm{Max}(V_H-V_i,c_{ih})\leqslant X<V_H-V_i+c_{ih}$ 时，消费者将在面对高兑换成本 c_{ih} 时推迟兑换优惠券，而在面对低兑换成本时则会选择兑换。同时，优惠券的有效期越长，总兑换率越高。此外，对于两期和三期优惠券，兑换率随着时间的推移而降低。

命题 1 给出了消费者推迟兑换优惠券的较强条件，因为当 $X<V_H-V_i+c_{ih}$ 时，倘若兑换的成本较高，即 c_{ih}，消费者将不会通过兑换优惠券获得正的效用。同时，另一个条件 $X\geqslant V_H-V_i$ 则确保他们在面对低兑换成本时会选择兑换优惠券。因此，在命题 1 所示的情形中（情形 A），消费者一定不会在面对高兑换成本时选择兑换，他们不需要战略性地评估和比较立即或推迟兑换的收益。接下来，在情形 B 中，我们将探究如果在面对高兑换成本时，消费者通过兑换

优惠券所获得的效用不为负的时候，即 $X \geqslant V_H - V_i + c_{ih}$ 时，消费者是否及如何策略地选择当即兑换或推迟兑换。

B. $U_{ia} \geqslant 0$ 和 $U_{id} \geqslant 0 \Rightarrow X \geqslant V_H - V_i + c_{ih}$。

由于 $U_{ia} \geqslant 0$，当面对高兑换成本时，消费者有可能会兑换优惠券，也有可能选择推迟。消费者选择何时兑换优惠券的决策需要在当即兑换的收益和等待兑换的收益之间进行权衡。接下来通过对三期优惠券情境应用逆向推理法来解决消费者的优惠券兑换决策问题。

对于三期优惠券，如果消费者到了第三个（最后一个）周期时还没有兑换优惠券，那么此时无论兑换成本是高还是低，他都将兑换优惠券，因为 $U_{ia} \geqslant 0$ 且优惠券的有效期在此周期后到期。进一步，如果消费者在第二周期仍然持有未兑换的优惠券，那么此时他的兑换决策将取决于兑换成本。如果这时候面对的是低兑换成本，这个消费者一定会选择当即兑换，因为他不可能从推迟兑换的行为中获得更多的收益。然而，如果此时面对的是高兑换成本，则他必须考虑在下一个周期可以获得低兑换成本的概率 β_i，以及在下一周期时遗忘其优惠券的概率 $1-\text{Min}(\alpha_i X, 1)$。根据分析发现，只要满足以下条件，消费者将推迟兑换。

$$V_i - V_H + (X - c_{ih}) < \text{Min}(\alpha_i X, 1)[\beta_i(V_i - V_H + X) + (1-\beta_i)(V_i - V_H + (X - c_{ih}))] \Rightarrow V_H > V_i + X - c_{ih} - \frac{\text{Min}(\alpha_i X, 1)\beta_i c_{ih}}{1-\text{Min}(\alpha_i X, 1)}$$

结合条件 $X \geqslant V_H - V_i + c_{ih}$ 和 $X \geqslant c_{ih}$，得到 $X \geqslant V_H - V_i + c_{ih}$ 和 $\gamma_i(X) < V_H$。为了表达式的简洁，这里定义 $\gamma_i(X) = V_i + X - c_{ih} - \frac{\text{Min}(\alpha_i X, 1)\beta_i c_{ih}}{1-\text{Min}(\alpha_i X, 1)}$。上述条件中的第一个条件，$X \geqslant V_H - V_i + c_{ih}$，是为了确保优惠券面值足够大，以便当兑换成本 c_{ih} 高时，i 型消费者会选择兑换优惠券。第二个条件 $\gamma_i(X) < V_H$，是为了确保并非所有 i 型消费者都会选择立即兑换优惠券。否则，当 $\gamma_i(X) \geqslant V_H$，$i$ 型消费者将在第一周期立即兑换。最后，由于 $U_{ia} \geqslant 0$，当优惠券的有效期为一个周

期时，i 型消费者将总是在时限内进行兑换。因此，一、二、三期优惠券每期的兑换率如表 3-2 所示。

表 3-2　当 $X \geqslant V_H - V_i + c_{ih}$ 且 $\gamma_i(X) < V_H$ 时，不同有效期的优惠券（一期、二期和三期）在不同周期的兑换率

	一期优惠券	两期优惠券	三期优惠券
周期 1	1	β_i	β_i
周期 2		$\mathrm{Min}(\alpha_i X, 1)(1-\beta_i)$	$\mathrm{Min}(\alpha_i X, 1)(1-\beta_i)\beta_i$
周期 3			$\mathrm{Min}(\alpha_i X, 1)(1-\beta_i)^2$

表 3-2 中显示的兑换模式是模式 2。与模式 1 不同的是，兑换率并不一定遵循单调下降的模式，对于三期优惠券来说，其兑换率首先呈单调下降趋势，然后在接近截止日期时出现一个峰值。我们在命题 2a 和 2b 中描述了这种兑换模式。

命题 2a： 当 $X \geqslant V_H - V_i + c_{ih}$ 且 $\gamma_i(X) < V_H$ 时，i 型消费者将会在面对高兑换成本 c_{ih} 时推迟优惠券兑换。但无论兑换成本是高是低，他们都会在最后一个周期进行兑换。具体来说，当 $\mathrm{Min}(\alpha_i X, 1) > \frac{\beta_i}{1-\beta_i}$ 时，对于两期优惠券，周期 2 的兑换率高于周期 1；而对于三期优惠券，兑换率首先从周期 1 到周期 2 降低，然后从周期 2 到周期 3 增加，也就是在接近截止日期时出现一个峰值。然而，总兑换率总是随着优惠券有效期的延长而降低。

命题 2b： 当 $X \geqslant V_H - V_i + c_{ih}$ 且 $\gamma_i(X) \geqslant V_H$ 时，即使面对高兑换成本 c_{ih} 时，i 型消费者也会在周期 1 立即兑换优惠券。

命题 2a 中的第一个条件 $X \geqslant V_H - V_i + c_{ih}$，表示当面对高兑换成本时，$i$ 型消费者可以通过兑换优惠券获得正效用。因此，他们选择策略性推迟兑换的唯一原因是等待的收益更大，这由条件 $\gamma_i(X) < V_H$ 来确保。如上所述，该条件同时取决于消费者的遗忘行为及其随机兑换成本，并且该条件根据不同类型的消费者而变化。由于不同类型的消费者在面对相同的优惠券时会有不同的兑换模式，我们在命题 1、命题 2a 和后面的命题 3（当 $X < c_{ih}$ 时，如下所示）中发现，

同时考虑优惠券面值和优惠券有效期，可以为更好地利用优惠券进行细分市场提供了全新的角度。

命题 2a 反映了与兑换率随时间衰退相关的基本概念，以及在到期日之前的周期 3 中出现兑换峰值的原理。前者直接源于遗忘和随着时间的推移而减少的兑换，而后者的结果为 Inman & McAlister (1994) 实证研究的发现提供了新的理论支持。注意，$\mathrm{Min}(\alpha_i X, 1) > \frac{\beta_i}{1-\beta_i}$仅在低兑换成本发生的概率足够低（即$\frac{\beta_i}{1-\beta_i}$随着$\beta_i$单调下降）和回忆率足够高时成立。在这种情况下，更多的消费者会推迟他们的兑换，导致在有效期的最后一个时期出现兑换高峰。

接下来，我们将分析一期、两期和三期优惠券的总兑换额之间的关系。根据命题 2a 的结果，上述三种优惠券的整体兑换率相应为 1，$\beta_i + \mathrm{Min}(\alpha_i X, 1)(1-\beta_i)$，以及 $\beta_i + \mathrm{Min}(\alpha_i X, 1)\beta_i(1-\beta_i) + \mathrm{Min}(\alpha_i X, 1)^2 (1-\beta_i)^2$。通过简单的数学比较，发现短期优惠券的兑换率更高，我们的研究为这个违反直觉的现象提供了理论支撑，且与 Shu & Gneezy (2010)的实证分析结果一致。

最后，当优惠券的面值足够高，$X \geqslant V_H - V_i + c_{ih}$，但$\gamma_i(X) \geqslant V_H$时，$i$ 型消费者将不会从等待中受益；相反，他们将在周期 1 内立即兑换优惠券。如前所述，我们将这种兑换模式称为模式 0。

C. $U_{id} < 0$。

在这种情况下，因为$U_{ia} < U_{id} < 0$，无论是否有优惠券，i 型消费者都不会选择购买。因此在分析中排除了这种情况。

(2) 如果 $X < c_{ih}$，当兑换成本为c_{ih}时，消费者将推迟兑换。

此时，如果$U_{id} < 0$，即使面对低兑换成本c_{il}，消费者也不会购买。因此排除这种情况，只考虑当$U_{id} \geqslant 0$ 时，即 $X \geqslant V_H - V_i$。在这种情况下，这些消费者在每个周期的兑换率与表 3-1 所示相同。基于以上讨论，得到以下命题：

命题 3：当$V_H - V_i \leqslant X < c_{ih}$时，$i$ 型消费者会在面对高兑换成本c_{ih}时推迟兑换，而只在面对低兑换成本时才兑换。此外，消费者对

不同有效期的优惠券的总兑换率遵循模式 1 的形式，随着有效期的增长，优惠券的总兑换率单调增加。

表 3-3 总结了命题 1、命题 2 和命题 3 中针对两种不同面值区间（$X \geqslant c_{ih}$ 与 $X < c_{ih}$）的消费者兑换模式。结果显示随着时间推移，优惠券的兑换会呈现不同的兑换模式，包括单调的下降趋势和在截止日期前的峰值。

表 3-3　消费者优惠券——兑换模式总结

面值（X）vs. 兑换成本	优惠券的净收益	随着时间推移的兑换模式
$X \geqslant c_{ih}$	$V_H - V_i \leqslant X < V_H - V_i + c_{ih}$	模式 1
	$X \geqslant V_H - V_i + c_{ih}$ 和 $\gamma_i(X) < V_H$	模式 2
	$X \geqslant V_H - V_i + c_{ih}$ 和 $\gamma_i(X) \geqslant V_H$	模式 0
$X < c_{ih}$		模式 1

如上所述，消费者选择当即兑换或推迟兑换决策主要基于两种行为的成本与收益之间的权衡，同时也受到下一个周期的预期兑换成本的影响。接下来将研究消费者能否从长期优惠券中获益，也就是说，两期或三期优惠券能否使消费者获得更高的福利。消费者福利被定义为所有消费者通过兑换优惠券获得的收益的总和。一方面，由于三期优惠券提供了更大的等待机会，消费者有更长的时间窗口来选择最合适的时机进行兑换；另一方面，根据命题 2a 所述，在某些情况下，两期优惠券的总兑换率相较于三期优惠券可能更高，而更高的总兑换率也指向更高的消费者福利。考虑到这两方面作用相反的影响，我们将在命题 4 中详细论述优惠券有效期对消费者福利的影响。

命题 4： 长期优惠券的消费者福利总是更高。

命题 4 的证明：对于模式 1，总兑换率随优惠券有效期的增加而增加；因此，消费者福利随着优惠券有效期的增加而增加。然而，对于模式 2，当 $X \geqslant c_{ih}$ 时，两期优惠券的整体兑换率可能更高。具体而言，对于模式 2，所有的消费者都会兑换一期优惠券，即总兑换率为 1；对于两期的优惠券，兑换率是 $\beta_i + \mathrm{Min}(\alpha_i X, 1)(1-\beta_i)$；对于三期优惠券，兑换率是$\beta_i+\text{Min}(\alpha_i X,1)\beta_i(1-\beta_i)+\text{Min}(\alpha_i X,1)^2(1-\beta_i)^2$。通过简单数学计算，三种不同有效期的优惠券的所导致的消费者福利分别是$\beta_i(V_i-V_H+X)+(1-\beta_i)(V_i-V_H+X-c_{ih})$；$\beta_i[V_i-V_H+X]+\text{Min}(\alpha_i X,1)(1-\beta_i)[\beta_i(V_i-V_H+X)+(1-\beta_i)(V_i-V_H+X-c_{ih})]$和$\beta_i[V_i-V_H+X]+\text{Min}(\alpha_i X,1)\beta_i(1-\beta_i)[V_i-V_H+X]+\text{Min}(\alpha_i X,1)^2(1-\beta_i)^2[\beta_i(V_i-V_H+X)+(1-\beta_i)(V_i-V_H+X-c_{ih})]$。通过简化和比较发现，在表3-3所示的$X\geqslant V_H-V_i+c_{ih}$和$V_H>\gamma_i(X)$的条件下，三期优惠券的消费者福利超过两期优惠券，两期优惠券则超过一期优惠券。证明了优惠券有效期越长，消费者福利越高。此发现表明，消费者受益于较长的兑换周期，即使有些情况下长期优惠券的兑换率较低，但是从可以更灵活地安排最佳兑换时间中所获得的收益仍然会提高消费者的总福利。因此，命题4为Shu & Gneezy（2010）的研究结论提供了一个基于理性消费者的理论解释，说明了消费者可能对长期优惠券更满意的原因。

2. 最佳面值和有效期

这一部分将主要分析基于上一节所述的消费者的策略性优惠券兑换行为，商家应如何设计其优惠券面值和有效期的最优策略。与上一节的模型设定相一致，这里假设商家可以发行有效期为一、二、三期的优惠券。

如前所述，高端消费者在$p=V_H$时每个周期都会购买一件产品，而低端消费者仅仅在使用优惠券时才会购买产品。因此，在使用优惠券策略的时候，商家从低端消费者的优惠券兑换中获利，而从高端消费者的兑换中亏损。商家通过合理地设定优惠券面值和有效期，可以尽量鼓励更多的低端消费者兑换其优惠券，同时尽量减少来自高端消费者的兑换。因此，其优惠券策略的目标是最大化从低端消费者的兑换行为中的获利与从高端消费者兑换行为中的损失的差值，也就是最大化其“净收益”。接下来，我们将研究商家在提供或不提供优惠券时的最佳策略。显然，当不提供优惠券时，使用优惠券的净收益为零。

接下来，我们研究提供优惠券的策略。与短期、中期或长期优惠券相对应，假设优惠券的有效期可以是一期、二期或三期。商家提供优惠券背后的驱动力是，对于相同的优惠券，高端消费者和低端消费者会有不同的兑换行为。商家的净收益可以通过选择优惠券的面值 X 和有效期来最大化，使得尽量多的低端消费者使用优惠券兑换，同时限制高端消费者过多使用优惠券。下面首先说明与提供优惠券相关的引理。

引理 1：优惠券的最优面值不应小于V_H-V_L，即 $X\geqslant V_H-V_L$。

引理 1 的逻辑很直观。优惠券有利可图的一个必要条件是：当兑换成本较低（$c_{Ll}=0$）时，低端消费者会选择使用优惠券购买；当面对高兑换成本时他们则不会购买。因此，得到$U_{Ld}=V_L-p+X=V_L-V_H+X\geqslant 0$，即 $X\geqslant V_H-V_L$。

引理 2：对于有效期为一期的优惠券，其最优面值应低于高端消费者的兑换成本，即 $X<c_{Hh}$，以防止他们面对高兑换成本c_{Hh}时使用优惠券。因此，高端消费者对此优惠券的总兑换率为β_H。

引理 2 的理解如下：对于一期优惠券，如果高端消费者在面对高兑换成本c_{Hh}时使用优惠券购买产品，那么他们在面对低兑换成本c_{Hl}时也会购买。因此，高端消费者总是会兑换其优惠券。引理 2 中的条件确保了高端消费者不会总是兑换其优惠券。由于引理 1 中的 $X\geqslant V_H-V_L$，我们得到$V_H-X\leqslant V_L$，这说明每向高端消费者销售一个单位的产品，商家可以获得的利润不会超过V_L。很明显，这种优惠券策略相较于不提供优惠券的策略商家的收益更低，因为在不提供优惠券且产品标价为 $p=V_L$时，商家每单位产品的收益是V_L。因此，一期优惠券最优情况是高端消费者只在面对c_{Hl}时使用优惠券，且总兑换率为β_H。

引理 3：对于有效期为两期或三期的优惠券，面对较高的兑换成本c_{Hh}时，推迟兑换是高端消费者的最优选择。

与引理 2 的证明相类似，对于两期和三期优惠券，如果高端消费者在面对c_{Hh}时不推迟兑换优惠券，他们将始终在第一期（周期 1）

兑换优惠券。由于 $X \geqslant V_H - V_L$，如引理 1 所示，出售给高端和低端消费者的产品的单位利润不超过V_L，其总利润不高于$(n_H + n_L)V_L$。同样，由于$n_H V_H \geqslant (n_H + n_L)V_L$，这种策略并不比在产品标价为 $p = V_H$时不提供优惠券的情况好。

为了净收益最大化，需要同时确定优惠券面值和有效期，因此得到命题 5。

命题 5：优惠券有效期和面值共同影响其在高端消费者和低端消费者中进行价格歧视的能力。具体如下：

命题 5a：当$V_H - V_L \geqslant c_{Hh}$时，使用一期优惠券不是最佳的。此外，这种优惠券面值永远不能超过高端消费者的高兑换成本，即 $X < c_{Hh}$。

命题 5b：长期优惠券的面值可以高于c_{Hh}。具体来说，当 $X \geqslant \mathrm{Max}(V_H - V_L, c_{Hh})$且$\gamma_H(X) < V_H$或$V_H - V_L \leqslant X < c_{Hh}$时，长期优惠券可能是最佳的。

为了证明命题 5，我们计算了一期优惠券的最优设计和相应的净收益（详见附录 3A）。如表 3-4 所示，当$V_H - V_L \geqslant c_{Hh}$时，一期的优惠券不是最优策略。因为此时，如引理 1 和 2 所述，两个条件 $X \geqslant V_H - V_L$和 $X < c_{Hh}$ 不能共存。因此，命题 5a 得证。

下面将分析两期和三期优惠券的最优策略。引理 3 表明对于长期优惠券来说需要确保高端消费者在c_{Hh}时推迟兑换。如命题 1 和命题 2a 所示，当 $\mathrm{Max}(V_H - V_i, c_{ih}) \leqslant X < V_H - V_i + c_{ih}$且$X \geqslant V_H - V_i + c_{ih}$时，面对高兑换成本$c_{ih}$，消费者会推迟优惠券的兑换。因此令$V_i = V_H$，当$c_{Hh} \leqslant X < c_{Hh}$或当$X \geqslant c_{Hh}$和$\gamma_H(X) < V_H$①时消费者会推迟兑换。显然，条件$c_{Hh} \leqslant X < c_{Hh}$不能存在。此外，命题 3 表明，当优惠券面值较低时，即 $X < c_{Hh}$，高端消费者将始终在c_{Hh}时推迟兑换。因此，结合$X \geqslant c_{Hh}$且$\gamma_H(X) < V_H$，和 $X < c_{Hh}$与 $X \geqslant V_H - V_L$（引理 1）获得命题 5b。

长期优惠券策略的分析侧重于命题 5b 中的两个约束（详见附录

---

① 在剩下的分析中，$\gamma_H(X) = V_H + X - c_{Hh} - \frac{\mathrm{Min}(\alpha_H X, 1)\beta_H c_{Hh}}{1 - \mathrm{Min}(\alpha_H X, 1)}$ 以及 $\gamma_L(X) = V_L + X - c_{Lh} - \frac{\mathrm{Min}(\alpha_L X, 1)\beta_L c_{Lh}}{1 - \mathrm{Min}(\alpha_L X, 1)}$。

3B)。基于此，得出如下结论：基于消费者兑换成本的随机性，优惠券面值和有效期可以显著调节低端消费者和高端消费者的兑换行为，并由此影响其价格歧视的能力。此外，表 3－4 中列出了使用长期优惠券的条件和策略（相应的净收益见附录 3C)。

表 3－4 显示，低端消费者和高端消费者优惠券的兑换模式（模式 0、模式 1 或模式 2）因优惠券面值的不同而不同，因此最佳的优惠券有效期也不同。基于上述分析，将商家提供优惠券的净收益最大化过程总结如下：首先，如表 3－4 和附录 3A 所示，确定一期优惠券的最优面值和相应的净收益。其次，确定两期或三期优惠券的最优面值。对于优惠券面值的每个约束（附录 3C 中对 X 的约束)，根据低端消费者和高端消费者的不同兑换模式确定可以作为最优备选的优惠券有效期，可以是两个周期，也可以是三个周期抑或二者皆有。接下来我们最大化相应的净收益并确定各约束条件下的优惠券面值的局部最优解（最优面值X^* 见附录 3C)。最后，通过比较不同面值和有效期水平下商家净收益的局部最优解来确定全局最优面值和有效期。

表 3－4 一期优惠券和 N 期（二期或三期）优惠券的优化设计

	一期优惠券	多期优惠券		
条件	最优面值（X^*）	策略[a]	兑换模式[b]	有效期（以周期为单位）
较小支付意愿差异：$V_H - V_L \leqslant c_{Hh} - c_{Lh}$	$X^* = V_H - V_L + c_{Lh}$ $X^* = V_H - V_L$	N4	L：模式 1 H：模式 1	2 或 3
中等支付意愿差异：$c_{Hh} - c_{Lh} < V_H - V_L \leqslant c_{Hh}$	$X^* = V_H - V_L$	N1	L：模式 1 H：模式 2	3
		N2	L：模式 2 H：模式 2	2 或 3
		N3	L：模式 0 H：模式 2	3
		N4	L：模式 1 H：模式 1	2 或 3

续表

	一期优惠券	多期优惠券		
较大支付意愿差异：$V_H-V_L>c_{Hh}$	N/A	N1	L：模式 1 H：模式 2	3
		N2	L：模式 2 H：模式 2	2 或 3
		N3	L：模式 0 H：模式 2	3

a. 在不同约束情况下，商家的不同优惠券策略，以及关于净收益和相应最优面值的详细信息见附录 3C。进一步来说，在条件$V_H-V_L\leqslant c_{Hh}-c_{Lh}$（支付意愿差距较小）下，N2 和 N3 策略有可能是商家的最优多期优惠券策略。然而，通过与$X^*=V_H-V_L+c_{Lh}$的一期优惠券策略相比，N2 和 N3 策略中优惠券的面值都较高，且高端消费者的兑换率也较高，但低端消费者的兑换率却更低。因此，这两个策略不可能成为商家的最优策略。我们只考虑 N4 策略作为此条件下的最优多期优惠券策略。此外，当$V_H-V_L>c_{Hh}$（支付意愿差距较大）时，由于需要$V_H-V_L<c_{Hh}$，N4 策略不会出现。

b. L 和 H 分别代表低端消费者和高端消费者的优惠券兑换模式。

下面讨论一期与较长期优惠券的盈利能力。如命题 5a 所述，优惠券面值不应超过高端消费者的高兑换成本 $X<c_{Hh}$，且由于这一约束，当$V_H-V_L\geqslant c_{Hh}$时，一期优惠券永远不是最优的。然而，在优惠券面值高于c_{Hh}时，有效期较长的优惠券可能会使得高端消费者推迟兑换（见命题 1 和命题 2a）。长期优惠券可以放宽对一期优惠券面值的约束，$X<c_{Hh}$，因为并非所有高端消费者都会兑换。因此，在优惠券的面值超过高端消费者的高兑换成本时，提供长期优惠券仍然有可能成为商家的最优策略。除此以外，提供长期优惠券的另一个好处是，它可以吸引更多的低端消费者通过兑换来实现购买。如前所述，一期优惠券的最优面值为$X^*=V_H-V_L$（见附录 3A）。在这种情况下，只有β_L部分的低端消费者会购买产品。然而，根据表 3-1（设置类型 $i=L$）不难看出，较长有效期的优惠券可以增加低端消费者的兑换，进而商家的净收益提升。然而，使用长期优惠券的成本在于，它同时会导致更多的高端消费者的优惠券兑换行为（相较于一期优惠券的兑换率β_H，参见引理 2 和表 3-4）。

基于以上的逻辑分析，我们详细地分析并比较了长期优惠券的净收益（见附录 3C）与一期优惠券的净收益（见附录 3A）。通过比较，确定了在高端消费者的召回率 $\mathrm{Min}(\alpha_H X^*, 1)$ 满足哪些条件时，两期和三期优惠券比一期优惠券更为有利。我们选择高端消费者的召回率作为主要指标的原因在于，它是决定优惠券最佳有效期的关键因素。具体来说，在补充材料 B 中的分析表明，当高端消费者的召回率足够小时，两期和三期优惠券都比一期优惠券更有利可图（如命题 6 所述）。这个结果适用于表 3 - 4 中的所有兑换模式。基本上，只要召回量足够小，有效期较长的优惠券从低端消费者增加的兑换中的获益就会大于因高端消费者的兑换而造成的损失。此外，当高端消费者的兑换模式为模式 2（有效期更长，兑换率更低）或低端消费者的兑换模式为模式 1（有效期更长，兑换率更高）时，三期优惠券比两期优惠券更有利，反之亦然。因此，商家需要权衡这些潜在的收益和损失，以确定最佳的优惠券有效期。

命题 6： 当产品价格为内生时，只有高端消费者的记忆水平 α_H 足够低的时候，长期优惠券才有可能成为商家的最优策略。

下面对两类消费者兑换模式进行加总，来分析优惠券的总兑换模式。表 3 - 4 的结果表明，即使对于相同的优惠券面值，高端消费者和低端消费者可能会对不同有效期的优惠券表现出不同的兑换模式。两种类型可以同时为模式 1 或模式 2，或者一种类型为模式 1 而另一种为模式 2，这取决于优惠券面值。不同销售时期的整体优惠券兑换模式是每种类型消费者兑换模式的组合。如前所述，模式 1 呈现出跨时期单调下降的趋势，而模式 2 则是当 $\mathrm{Min}(\alpha_i X, 1) > \frac{\beta_i}{1-\beta_i}$ 时，接近截止日期出现峰值，但是在 $\mathrm{Min}(\alpha_i X, 1) \leqslant \frac{\beta_i}{1-\beta_i}$ 时呈现单调下降趋势（见命题 1 和命题 2b）。基于上述分析与讨论，我们在表3 - 5 中总结并展示了组合了低端消费者与高端消费者各自兑换模式的总兑换模式曲线。

表 3-5　不同类型消费者的优惠券兑换模式总结

<table>
<tr><th>低端消费者的兑换模式</th><th>高端消费者的兑换模式</th><th>整体兑换模式
（消费者类型相结合）</th></tr>
<tr><td>模式 1</td><td>模式 1</td><td rowspan="4">单调下降趋势</td></tr>
<tr><td>模式 1 或模式 0</td><td>模式 2 但 $Min(\alpha_H X,1)\leqslant\frac{\beta_H}{1-\beta_H}$</td></tr>
<tr><td>模式 2 但 $Min(\alpha_L X,1)\leqslant\frac{\beta_L}{1-\beta_L}$</td><td>模式 1</td></tr>
<tr><td>模式 2 但 $Min(\alpha_L X,1)\leqslant\frac{\beta_L}{1-\beta_L}$</td><td>模式 2 但 $Min(\alpha_H X,1)\leqslant\frac{\beta_H}{1-\beta_H}$</td></tr>
<tr><td>模式 2 但 $Min(\alpha_L X,1)>\frac{\beta_L}{1-\beta_L}$</td><td>模式 2 但 $Min(\alpha_H X,1)>\frac{\beta_H}{1-\beta_H}$</td><td rowspan="2">最后一周期兑换率出现峰值</td></tr>
<tr><td>模式 0</td><td>模式 2 但 $Min(\alpha_H X,1)>\frac{\beta_H}{1-\beta_H}$</td></tr>
<tr><td>模式 1</td><td>模式 2 但 $Min(\alpha_H X,1)>\frac{\beta_H}{1-\beta_H}$</td><td rowspan="4">不确定</td></tr>
<tr><td>模式 2 但 $Min(\alpha_L X,1)>\frac{\beta_L}{1-\beta_L}$</td><td>模式 1</td></tr>
<tr><td>模式 2 但 $Min(\alpha_L X,1)>\frac{\beta_L}{1-\beta_L}$</td><td>模式 2 但 $Min(\alpha_H X,1)\leqslant\frac{\beta_H}{1-\beta_H}$</td></tr>
<tr><td>模式 2 但 $Min(\alpha_H X,1)\leqslant\frac{\beta_H}{1-\beta_H}$</td><td>模式 2 但 $Min(\alpha_L X,1)>\frac{\beta_L}{1-\beta_L}$</td></tr>
</table>

除了上述理论论证与模型分析，我们还对研究结果的有效性进行了数值分析，研究了两种消费类型不同支付意愿水平下的商家的最优优惠券面值与有效期策略。我们以兑换模式为研究重点，通过不同的市场参数的设定，印证了单调减少的兑换模式和二期、三期优惠券在最后一个周期出现高峰的兑换模式。详细的结果和使用的程序见补充材料 C。

四、价格内生时的优惠券设计决策（模型 2）

模型 2 放宽了模型 1 中价格外生（价格固定）这个假设，允许价格在提供优惠券期间发生变化，也就是产品价格作为内生变量。这里，除了优惠券面值 X 和有效期，优惠券有效期内的产品价格 p_c 也是决策变量。正如上面提到的，对于该模型中两种类型的消费者，假设消费者遗忘率为常数且等于 $\alpha_i(i=H \text{ or } L)$。其他所有参数都与模型 1 中相同。

1. 前瞻性消费者的优惠券兑换行为

首先列出高端消费者和低端消费者使用优惠券的可能步骤，以及高兑换成本和低兑换成本消费者在使用优惠券购买、不使用优惠券购买和不够买这三种不同决策下的效用。通过与模型 1 类似的分析发现，消费者的购买模式（结果总结于表 3 - 6）与模型 1（命题 1、命题 2、命题 3）的结果是一致的，除了结果根据 p_c 的条件而变化。

2. 最佳面值和有效期

在上述兑换行为下，通过联合确定面值和优惠券有效期来最大化商家的利润。这里与模型 1 不同，我们使用利润而不是"净收益"作为商家最优优惠券策略的目标，因为优惠券的兑换和产品价格都会影响商家的利润。模型设置和参数与模型 1 相同。不同于价格外生的情况（模型 1），因为商家可以在优惠券有效期内改变产品价格，所以在常规产品价格为 V_L 时提供优惠券可能是最优的。因此，我们在没有优惠券的情况下检查基准策略。

基准策略 1： 低价策略，$p_B=V_L$。高端消费者和低端消费者都购买产品，且商家在每个销售期的利润是：

$$\pi_{B1}=(n_H+n_L)V_L \tag{3-3}$$

基准策略 2： 高价策略，$p_B=V_H$。只有高端消费者购买产品，商家的利润在每个销售期的利润为：

$$\pi_{B2}=n_H V_H \tag{3-4}$$

表 3-6　p_c作为内生变量时消费者优惠兑换模式的总结

面值 vs. 兑换成本	p_c的条件	随着时间推移的兑换模式
$X \geqslant c_{ih}$	$V_i+(X-c_{ih})<p_c \leqslant V_i+X$	模式 1
	$V_i+X-c_{ih}-\frac{\alpha_i\beta_i c_{ih}}{1-\alpha_i}<p_c \leqslant V_i+(X-c_{ih})$	模式 2
	$p_c \leqslant V_i+X-c_{ih}-\frac{\alpha_i\beta_i c_{ih}}{1-\alpha_i}$	模式 0
$X<c_{ih}$		模式 1

同样，当提供优惠券时，商家通过鼓励足够多的低端消费者使用优惠券购买，同时阻止尽可能多的高端消费者使用优惠券，从而实现利润最大化。一期和多期（二期或三期）优惠券的最优设计分别列于表 3-7 和表 3-8，其利润和有效条件见补充材料 D。

结果表明，与基准策略 1 相比，当价格$p_B=V_L$时，提供优惠券一定会伴随着产品价格的提高。但是，与基准策略 2 相比，当价格$p_B=V_H$时，提供优惠券有些情况下却会导致产品价格下降。具体来说，当使用一期优惠券且存在条件$V_H-V_L>c_{Hh}$或$V_H-V_L>c_{Hh}-c_{Lh}$时，或者当使用多期优惠券且存在条件$V_H-V_L>c_{Hh}$时，产品价格会伴随着优惠券的发放而下降。产生这个现象的原因主要在于，当高端消费者和低端消费者之间的支付意愿差距较大时，针对高端消费者设定的产品价格相对于低端消费者会较高，因此商家需要提供一个足够高的优惠券面值来刺激低端消费者的购买。但是，如果优惠券面值高于高端消费者的兑换成本，那么高端消费者也会选择兑换优惠券，进而导致商家利润的损失。因此，在这种情况下，商家需要通过降低产品价格来降低优惠券的面值，直到获得一个低于高端消费者兑换成本的面值（这一结果也与 Anderson & Song（2004）一致）。此时，如果选择使用一期优惠券，那么在两类消费者的支付意愿差V_H-V_L大于其兑换成本差

$c_{Hh}-c_{Lh}$的时候，商家一定要降低其产品价格（见表 3-7）。然而，通过观察表 3-8 中多期优惠券的最优设计发现，此时即使两个消费者支付意愿差异大于其兑换成本差，甚至在大于高端消费者的兑换成本的情况下，商家并不一定需要降低产品价格，例如表3-8中$c_{Hh}<V_H-V_L<c_{Hh}+\frac{\alpha_H\beta_H c_{Hh}}{1-\alpha_H}$的情况所示。

表 3-7　一期优惠券的最优设计，价格和利润

一期优惠券		
条件	最优设计：面值和价格	利润
较小支付意愿差异：$V_H-V_L\leqslant c_{Hh}-c_{Lh}$	$X^*=V_H-V_L$，$p_c^*=V_H$	$\beta_H n_H V_L+(1-\beta_H)n_H V_H+\beta_L n_L V_L$
	$X^*=V_H-V_L+c_{Lh}$，$p_c^*=V_H$	$\beta_H n_H(V_L-c_{Lh})+(1-\beta_H)n_H V_H+n_L(V_L-c_{Lh})$
中等支付意愿差异：$c_{Hh}-c_{Lh}<V_H-V_L\leqslant c_{Hh}$	$X^*=V_H-V_L$，$p_c^*=V_H$	$\beta_H n_H V_L+(1-\beta_H)n_H V_H+\beta_L n_L V_L$
	$X^*=c_{Hh}$，$p_c^*=V_L+(c_{Hh}-c_{Lh})$	$\beta_H n_H(V_L-c_{Lh})+(1-\beta_H)n_H[V_L+(c_{Hh}-c_{Lh})]+n_L(V_L-c_{Lh})$
较大支付意愿差异：$V_H-V_L>c_{Hh}$	$X^*=c_{Hh}$，$p_c^*=V_L+c_{Hh}$	$\beta_H n_H V_L+(1-\beta_H)n_H(V_L+c_{Hh})+\beta_L n_L V_L$
	$X^*=c_{Hh}$，$p_c^*=V_L+(c_{Hh}-c_{Lh})$	$\beta_H n_H(V_L-c_{Lh})+(1-\beta_H)n_H[V_L+(c_{Hh}-c_{Lh})]+n_L(V_L-c_{Lh})$

表 3-8　多期优惠券的最优设计和价格

多期优惠券				
条件	子条件	最优设计：面值和价格	兑换模式	有效期
较小支付意愿差异：$V_H-V_L<c_{Hh}-c_{Lh}$		$X^*=V_H-V_L$，$p_c^*=V_H$	L：Mode-1 H：Mode-1	2 或 3

续表

多期优惠券				
中等支付意愿差异：$c_{Hh}-c_{Lh}\leqslant V_H-V_L<c_{Hh}$		$X^*=V_H-V_L$，$p_c^*=V_H$	L：Mode-1 H：Mode-1	2 或 3
	$V_H-V_L<c_{Hh}-c_{Lh}+\frac{\alpha_H\beta_H c_{Hh}}{1-\alpha_H}$	$X^*=V_H-V_L+c_{Lh}$，$p_c^*=V_H$	L：Mode-2 H：Mode-2	2 或 3
	$V_H-V_L<c_{Hh}-c_{Lh}+\frac{\alpha_H\beta_H c_{Hh}}{1-\alpha_H}-\frac{\alpha_L\beta_L c_{Lh}}{1-\alpha_L}$	$X^*=V_H-V_L+c_{Lh}+\frac{\alpha_L\beta_L c_{Lh}}{1-\alpha_L}$ $p_c^*=V_H$	L：Mode-0 H：Mode-2	3
较大支付意愿差异：$V_H-V_L>c_{Hh}$		$X^*=c_{Hh}$，$p_c^*=V_L+c_{Hh}$	L：Mode-1 H：Mode-1	2 或 3
	$V_H-V_L<c_{Hh}+\frac{\alpha_H\beta_H c_{Hh}}{1-\alpha_H}$	$X^*=V_H-V_L$，$p_c^*=V_H$	L：Mode-1 H：Mode-2	3
	$V_H-V_L<c_{Hh}-c_{Lh}+\frac{\alpha_H\beta_H c_{Hh}}{1-\alpha_H}$	$X^*=V_H-V_L+c_{Lh}$，$p_c^*=V_H$	L：Mode-2 H：Mode-2	2 或 3
	$V_H-V_L<c_{Hh}-c_{Lh}+\frac{\alpha_H\beta_H c_{Hh}}{1-\alpha_H}-\frac{\alpha_L\beta_L c_{Lh}}{1-\alpha_L}$	$X^*=V_H-V_L+c_{Lh}+\frac{\alpha_L\beta_L c_{Lh}}{1-\alpha_L}$ $p_c^*=V_H$	L：Mode-0 H：Mode-2	3

总之，我们发现选择合适的优惠券有效期可以在减少高端消费者兑换的同时让低端消费者兑换，而无须降低常规价格。此外，考虑到消费者的遗忘和随机兑换成本，我们提出了一种基于面值和有效期的实现价格歧视的替代方法，在此方法中，商家并不需要降低其产品价格。具体来说，在某些情况下（$c_{Hh}<V_H-V_L<c_{Hh}+\frac{\alpha_H\beta_H c_{Hh}}{1-\alpha_H}$，$c_{Hh}-c_{Lh}<V_H-V_L<c_{Hh}-c_{Lh}+\frac{\alpha_H\beta_H c_{Hh}}{1-\alpha_H}$ 和 $c_{Hh}-c_{Lh}<V_H-V_L<c_{Hh}-c_{Lh}+\frac{\alpha_H\beta_H c_{Hh}}{1-\alpha_H}-\frac{\alpha_L\beta_L c_{Lh}}{1-\alpha_L}$），商家的最优多期优惠券策略中其产品在促销期的价格仍然可以保持V_H。但这一结果并不适用于一期

优惠券，原因是对于一期优惠券，该高价格所导致的高面值（$X>c_{Hh}$），在激励低端消费者购买的同时，也会让所有的高端消费者不计成本地去兑换优惠券，因为他们没有额外的周期来选择最佳的购买时间，也就没有机会去遗忘其优惠券。通过提供更长期的优惠券，得益于遗忘，将有更少的高端消费者进行兑换。由于高端消费者的遗忘和兑换成本不同于低端消费者，因此优惠券的有效期有利于优惠券的价格歧视能力。综上所述，得到如下结论：

命题 7：当产品价格是内生变量时，在$c_{Hh}<V_H-V_L<c_{Hh}+\frac{\alpha_H\beta_H c_{Hh}}{1-\alpha_H}$，$c_{Hh}-c_{Lh}<V_H-V_L<c_{Hh}-c_{Lh}+\frac{\alpha_H\beta_H c_{Hh}}{1-\alpha_H}$ 和 $c_{Hh}-c_{Lh}<V_H-V_L<c_{Hh}-c_{Lh}+\frac{\alpha_H\beta_H c_{Hh}}{1-\alpha_H}-\frac{\alpha_L\beta_L c_{Lh}}{1-\alpha_L}$的条件下，商家的长期优惠券策略中，优惠券的面值高于高端消费者的兑换成本c_{Hh}，其产品在促销期的价格仍然可以保持高价V_H，但是这样的策略对于一期优惠券是不可行的。

五、模型扩展：双寡头案例

在本节中，我们扩展了模型，主要探讨两个提供优惠券促销的商家之间的竞争问题（Demirag，Keskinocak & Swann，2011；Krishna & Zhang，1999）。假设存在两个相互竞争的商家（S1 和 S2），它们在三个时间段内分别销售各自的产品，且两个商家的产品互为替代品。每个商家都有一个忠实的高端消费者细分市场，市场规模分别为n_{H1}和n_{H2}。

与模型 1 中的设置类似，高端消费者的支付意愿为V_H，每个商家的常规售价为 $p=V_H$。每个商家都会向市场提供一个具有特定的面值和有效期（一期、二期或三期）的优惠券，以竞争支付意愿为V_L和市场规模为n_L的低端消费者。同样，假设遗忘与优惠券面值（X）成正比，并且对于两类消费者而言等于$\mathrm{Min}(\alpha_i X,1)$（$i=H$ or

L）。随机兑换成本的假设与垄断模型基本相同，唯一的差别在于这里设定$c_{Lh}=c_{Ll}=0$，以便让模型分析更加简洁、易处理。这种简化的假设导致了低端消费者在获得优惠券后一定会选择立即兑换，除非他们同时持有两张优惠券（每个商家一张），在这种情况下，他们将首先兑换面值较高的优惠券。

首先，我们考虑每个商家的最优垄断策略。根据表 3 - 4 和附录 3A 中的结果，当$c_{Lh}=c_{Ll}=0$时，在不考虑竞争时的一期优惠券的最佳设计是$X^*=V_H-V_L$，伴随着净收益为$NB_1^*(n_{Hj})=n_LV_L-\beta_Hn_{Hj}(V_H-V_L)$。净收益表达式中，下标 1 表示优惠券有效期；$j=1$ 或 2，分别代表两个商家。通过分析，得到当$V_H-V_L<c_{Hh}$时，该策略是最优的。

接下来，当$c_{Lh}=0$，有$\gamma_L(X)=V_L+X$。因为引理 1 需要以 $X\geqslant V_H-V_L$来保证提供优惠券可以是最优策略，所以只有在$V_H\leqslant\gamma_L(X)$时，长期的优惠券才有可能是垄断时的最优策略。因此，根据附录 3C 中的结果，长期策略 N1、N2 和 N4 是不可能作为最优策略的。只有三期优惠券策略 N3 才能成为最优垄断策略，该策略下商家的净收益为 $N3_3(n_{Hj})=n_L(V_H-X)-[\beta_H+\mathrm{Min}(\alpha_iX,1)(1-\beta_H)\beta_H+\mathrm{Min}(\alpha_iX,1)^2(1-\beta_H)^2]n_{Hj}X$（$j=1$ or 2）。因为$N3_3(n_{Hj})$随 X 而减小，X 是约束下界时出现最大的净效益$N3_3^*(n_{Hj})$，$X\geqslant\mathrm{Max}(V_H-V_L,c_{Hh})$且$\gamma_H(X)<V_H\leqslant\gamma_L(X)$。

基于以上讨论，我们得到，每个商家的最优垄断策略只有可能是一期或三期的优惠券。因此，两个商家的优惠券有效期决策有三种组合：两个商家 S1 和 S2 的最优垄断策略都是一期优惠券；一个商家的最优垄断策略是一期优惠券，另一个商家的最优垄断策略是三期优惠券；或者 S1 和 S2 的最优策略都是提供三期优惠券。接下来分析两个商家在这三种情形下的竞争策略。

情形 1：S1 和 S2 的最优垄断策略都是一期优惠券

在这种情况下，两个商家都可以通过差异化其优惠券的发放时期来避免竞争。因为低端消费者会立即兑换他们的优惠券，因此每个商家可以选择一个不同于其竞争对手的周期，也就是三个销售周期中的任意两个不同的周期来推出彼此的优惠券。显然，它们将更好地受益于这种交替进行的优惠券促销活动。因此，它们可能会向彼此发出优惠券促销的时间信号，以避免正面竞争，并且每个商家都会获得最优一期优惠券的垄断净收益。

情形 2：一个商家的最优垄断策略是一期优惠券，另一个商家的最优垄断策略是三期优惠券

在这种情况下，与情形 1 的逻辑类似，双方都可以避免正面竞争以获得各自最优的垄断净收益。最优垄断策略为三期优惠券将在第一周期提供，而一期优惠券将在第二或第三周期提供。

情形 3：S1 和 S2 的最优垄断策略都是三期优惠券

在这种情形下，由于两个商家的最优垄断策略都是三期优惠券，因此他们都有在第一个销售周期推出其三期优惠券的动机，因此两方的正面竞争是无法避免的。但是，作为妥协方案，其中一个商家可以通过提供次优的一期优惠券或者选择在第二个销售周期来推出其三期优惠券来避免竞争。但是对于第二个妥协方案，也就是一个商家在第二个销售期推出一个三期优惠券，我们可以证明此方案比第一个妥协方案更差。因为在这个策略中，低端消费者会在第一和第二个销售周期从两个商家连续获得两张优惠券并立即兑换。然而，由于三期优惠券的面值需要满足条件 $X \geqslant \mathrm{Max}(V_H - V_L, c_{Hh})$，此时对于高端消费者来说，他们只有两个周期来兑换在第二期获得的第二张优惠券。根据前文分析，他们对于这张优惠券的兑换率为$\beta_H + \mathrm{Min}(\alpha_H X, 1)(1-\beta_H)$。显然，与一期优惠券相比，在第二期内推出三期优惠券是次优的，因为一期优惠券的高端消费者的兑换率 β_H和面值 $X^* = V_H - V_L$都较低。因此，在后面的分析中将排除这一策略。

根据以上讨论，我们为两个商家制定了四套策略：（1）两个商家都选择竞争；（2）一个商家选择竞争，另一个选择避免竞争（两种组合）；（3）两家商家都选择避免竞争。接下来，我们推导出这四种情形下商家的收益。

1. 两个商家都选择竞争

在这里，两个商家都将正面竞争低端消费者。对于每个商家来说，低端消费者通过兑换优惠券的效用等于V_L+X-V_H。消费者首先会兑换面值较高的优惠券，而面值较低的商家将因被遗忘而遭受损失，因为只有$\text{Min}(\alpha_L X,1)$的低端消费者将在第二期兑换，导致净收益如下：

$$N3_{3F}(n_{Hj})=\text{Min}(\alpha_H X,1)n_L(V_H-X)-[\beta_H+\text{Min}(\alpha_H X,1)(1-\beta_H)\beta_H+\text{Min}(\alpha_H X,1)^2(1-\beta_H)^2]n_{Hj}X$$

在$N3_{3F}(n_{Hj})$中下标F表示这是商家在第一期未能争取到低端消费者的兑换时（由于优惠券面值低于其竞争对手）的净收益。因为$N3_{3F}(n_{Hj})$随X递减，对于三期优惠券来说，最优X^*是$X\geqslant \text{Max}(V_H-V_L，c_{Hh})$和$\gamma_H(X)<V_H\leqslant\gamma_L(X)$在约束下界时的边界解，商家最大化净收益为$N3^*_{3F}(n_{Hj})$。

在第一阶段，两个商家将通过提高垄断时最优X^*的面值，从低端消费者手中争夺兑换权。假设$n_{H1}<n_{H2}$，表明S1的忠实消费者数量低于S2。因此，对较高的优惠券面值来说，S2比S1更敏感，因为S2所要面对的高端消费者的兑换行为所导致的损失更大。因此，得出这样的结论：存在临界值$\hat{X}>X^*$，高于该值S2将停止竞争，因为即使它在第一期赢得竞争，由该优惠券所获得的回报也会比$N3^*_{3F}(n_{H2})$更差。也就是说，通过设置足够高的优惠券面值，S1可阻止S2在第一期中的竞争。

然而，S1的净效益也低于其垄断情况下的最优，因为优惠券面值$\hat{X}$不是约束$X\geqslant\text{Max}(V_H-V_L,c_{Hh})$和$\gamma_H(X)<V_H\leqslant\gamma_L(X)$的下界。此优惠券面值对应的S1的净效益为：

$$N3^*_{3W}(n_{H1})=n_L(V_H-\hat{X})-[\beta_H+\text{Min}(\alpha_H\hat{X},1)(1-\beta_H)\beta_H+\text{Min}(\alpha_H\hat{X},1)^2(1-\beta_H)^2]n_{H1}\hat{X}$$

$N3^*_{3W}(n_{H1})$中下标W表示，这是商家在第一期赢得低端消费者兑换时的净收益。因此，我们表明，当 S1 和 S2 选择互相竞争时，它们的收益是$N3_{3W}^{*}(n_{H1})$和$N3_{3F}^{*}(n_{H2})$，分别低于它们三期优惠券相应的垄断最优收益$N3_{3}^{*}(n_{H1})$和$N3_{3}^{*}(n_{H2})$。

2. 一个商家选择竞争，另一个选择避免竞争

这种情况很简单，因为没有正面竞争。一个商家会在第一期提供三期优惠券，另一个商家会在第二期或第三期提供一期优惠券。如果 S1 选择竞争，S2 选择回避竞争，则分别会得到净收益$N3_{3}^{*}(n_{H1})$和$NB_{1}^{*}(n_{H2})$。或者，如果 S1 选择避免竞争，而 S2 选择竞争，那么它们将分别会得到净收益$NB_{1}^{*}(n_{H1})$和$N3_{3}^{*}(n_{H2})$。

3. 两个商家都选择避免竞争

在这种情况下，为了避免竞争，双方都选择在不同的时间段推出一期优惠券。因此，S1 将获得净收益$NB_{1}^{*}(n_{H1})$，S2 将获得净收益$NB_{1}^{*}(n_{H2})$。因为 S1 和 S2 的最优垄断策略都是提供三期的优惠券（情形 3），有$NB_{1}^{*}(n_{H1})<N3_{3}^{*}(n_{H1})$以及$NB_{1}^{*}(n_{H2})<N3_{3}^{*}(n_{H2})$。

综上所述，在表 3－9 中列出了策略和相应的收益，从中可以分析两个商家的均衡策略。第一，从表 3－9 中，我们可以得出以下结论，商家选择避免竞争的策略（A，A）不会是均衡策略，因为$NB_{1}^{*}(n_{H1})<N3_{3}^{*}(n_{H1})$以及$NB_{1}^{*}(n_{H2})<N3_{3}^{*}(n_{H2})$。

第二，如果$N3_{3W}^{*}(n_{H1})\geqslant NB_{1}^{*}(n_{H1})$和$N3_{3F}^{*}(n_{H2})\geqslant NB_{1}^{*}(n_{H2})$，则两个商家都选择竞争的策略（C，C）是唯一的均衡。

第三，如果$N3_{3W}^{*}(n_{H1})\geqslant NB_{1}^{*}(n_{H1})$且$N3_{3F}^{*}(n_{H2})<NB_{1}^{*}(n_{H2})$，则 S1 选择竞争，S2 避免竞争（C，A）的策略是唯一的均衡。

第四，如果$N3_{3W}^{*}(n_{H1})<NB_{1}^{*}(n_{H1})$和$N3_{3F}^{*}(n_{H2})\geqslant NB_{1}^{*}(n_{H2})$，如果 S1 选择避免竞争而 S2 选择竞争（A，C）的策略是唯一的均衡。

第五，如果$N3_{3W}^{*}(n_{H1})<NB_{1}^{*}(n_{H1})$及$N3_{3F}^{*}(n_{H2})<NB_{1}^{*}(n_{H2})$，(C,A)和(A,C)都是均衡策略，且两者都不是支配性的均衡。因此，将出现一种混合均衡。具体来说，S1 将有$\frac{N3_{3}^{*}(n_{H2})-NB_{1}^{*}(n_{H2})}{N3_{3}^{*}(n_{H2})-N3_{3F}^{*}(n_{H2})}$的概

率竞争，但有$1-\frac{N3_3^*(n_{H2})-NB_1^*(n_{H2})}{N3_3^*(n_{H2})-N3_{3F}^*(n_{H2})}$的概率避免竞争。S2将以概率$\frac{N3_3^*(n_{H1})-NB_1^*(n_{H1})}{N3_3^*(n_{H1})-N3_{3W}^*(n_{H1})}$竞争，但以概率$1-\frac{N3_3^*(n_{H1})-NB_1^*(n_{H1})}{N3_3^*(n_{H1})-N3_{3W}^*(n_{H1})}$避免竞争。

表3-9　提供不同有效期优惠券的两个商家的策略和相应收益

		S1	
		C（竞争）	A（避免竞争）
S2	C	$N3_{3W}^*(n_{H1})$，$N3_{3F}^*(n_{H2})$	$NB_1^*(n_{H1})$，$N3_3^*(n_{H2})$
	A	$N3_3^*(n_{H1})$，$NB_1^*(n_{H2})$	$NB_1^*(n_{H1})$，$NB_1^*(n_{H2})$

六、结论与管理启示

在本研究中，我们建立了一个消费者优惠券兑换的分析模型，同时考虑优惠券的面值和有效期作为决策变量，并结合消费者遗忘和随机兑换成本这两个关键因素。我们的主要发现集中于：(1) 优惠券的最优面值和有效期决策；(2) 优惠券作为价格歧视手段的机制；(3) 优惠券不同兑换模式的解释。

1. 优惠券的最优面值和有效期决策

我们的研究结果为管理者提供了关于优惠券面值和有效期的指导，并为不同有效期和兑换模式的优惠券提供了最优面值和相应收益的解决方案，包括产品价格外生和价格内生两种情况。我们在低端消费者和高端消费者支付意愿存在小、中、大差异这三种不同条件下分别进行了详细的讨论并给出相应的解决方案。支付意愿较小的差异可能与许多经常购买的消费品（如杂货）的情境相一致，而支付意愿巨大的差异更可能与奢侈品和新技术产品的情境相一致。结果表明，当高端（忠诚）消费者和低端（非忠诚）消费者的支付意愿差异或者优惠券面值大于高端消费者的高兑换成本时，一期的优惠券永远不会是最优的，而长期优惠券仍然可能是最优的。因此，

当管理者几乎没有改变产品价格的能力，且两类消费者的支付意愿存在较大差异时，商家不应提供短期优惠券。

此外，扩大优惠券有效期总是会导致消费者福利的增加，因为消费者可以有更多的时间来等待在其兑换成本较低时兑换。总的来说，在确定优惠券有效期时，管理者需要权衡低端消费者对长期优惠券的兑换带来的收益以及高端消费者的兑换带来的损失。

2. 优惠券作为价格歧视手段的机制

我们的研究表明，当产品价格为内生变量时，联合考虑优惠券的面值和有效期可能导致商家为产品制定更高或更低的价格。使用优惠券会导致较高的产品价格是一个比较符合直觉的结论，因为商家可以通过制定一个较高的产品价格来抵消提供优惠券而导致的成本。但是，我们的研究发现，当高端消费者和低端消费者的支付意愿差异较大时，零售商可能会降低价格，而不是提高价格。因为提高产品价格就会导致较高的优惠券面值，从而让更多的高端消费者兑换优惠券。这一发现与 Anderson & Song (2004) 的结果相似。然而与他们的结果不同的是，我们的研究表明，有效期较长的优惠券可能会阻止高端消费者在产品价格较高的水平下（伴以较高的面值）进行兑换。因此，有效期在使用优惠券作为价格歧视机制方面起着重要作用，重要的是，商家不需要降低价格。

3. 优惠券不同兑换模式的解释

研究中，我们提出了一个基于理性的前瞻性消费者模型，该模型可以解释过往研究中所观测到的所有兑换模式，包括单调的下降趋势、在到期日之前可能出现的峰值，以及较长优惠券有效期的较低兑换率等。这些结果对于理论构建具有重要的意义，因为它们为理解优惠券的不同兑换模式提供了新的解释，而过往研究的解释都是基于消费者非理性行为的理论，如后悔和拖延等。此外，这个新的解释机制在帮助管理者设计优惠券的有效期和面值方面具有重要的管理意义。

最后，为了拓展研究结果的实用性，我们将模型推广到两个商家的竞争性优惠券策略的双寡头垄断情境中。我们证明，如果至少有一个商家的最优垄断策略是一期优惠券，它们可以通过改变提供优惠券的时间来避免正面竞争。此时，每个商家都将获得其最优的垄断净收益，其结果将与垄断的收益一致。然而，当使用三年期优惠券对双方都是最优时，要么双方均选择正面竞争（导致纯均衡），要么一方使用次优策略（短期优惠券）以避免竞争（导致纯均衡或混合均衡）。这些结果对竞争商家的优惠券策略有重要的启示，指示出竞争双方可以通过使用不同的有效期策略避免正面竞争的均衡策略和条件。与垄断模型的结果相似，我们发现在竞争情境下，优惠券仍然可以实现价格歧视机制。

但是，我们的研究仍有一些局限，而这也为未来的研究提供了潜在的课题。尽管绝大多数优惠券是通过传统渠道分发的（不是针对特定的消费者），但我们确实看到了针对不同消费者发放定向优惠券和数字化优惠券在营销实践中的快速增长趋势（例如 Zhou et al.，2017；Jiang et al.，2018）。因此，未来的研究应该考虑在定向优惠券或数字化优惠券情境中其面值和有效期的策略（Shaffer & Zhang，2002；Chiou-Wei & Inman，2008），如何为个人消费者设计和定制优惠券是未来研究的重要领域。这样做时需要考虑公平的问题，因为不同的消费者被零售商以不同的方式对待的信息很容易在在线平台或社交网络上共享，进而导致消费者对于商家是否公平的忧虑（Zhou et al.，2017；Fernandes & Calamote，2016；Newman et al.，2019）。进一步，还可以考虑消费者在等待过程中耐心程度的异质性（耐心的和非耐心的消费者），或者考虑消费者遗忘行为的不同类型。此外，还需要实证研究来检验本研究的理论发现。我们提出了一个相对简单的框架，其中商家向消费者提供单一优惠券。未来的研究还应该考虑多项优惠券促销（Foubert & Gijsbrechts，2010）和随着时间推移一系列优惠券的使用（Nair & Tarasewich，2003），以及优惠券和其他类型促销的组合（如 Karray，2011；

Martín-Herrán & Sigué，2015）。最后，未来的研究应该考虑将最优优惠券设计扩展到生产商—零售商供应链的问题（如 Khouja，2006；Martín-Herrán & Sigué，2015；Zhang et al.，2019）。

参考文献

［1］Anderson，E T，Song，I. Coordinating price reductions and coupon events. Journal of Marketing Research，2004，41（4），411-422.

［2］Chen，Y，Moorthy，S，Zhang J. Price discrimination after the purchase：Rebates as state-dependent discounts. Management Science，2005，51（7）：1131-1140.

［3］Chiou-Wei S Z，Inman，J J. Do shoppers like electronic coupons：a panel data analysis. Journal of Retailing，2008，84（3）：297-307.

［4］Chun Y H. Monte Carlo analysis of estimation methods for the prediction of customer response patterns in direct marketing. European Journal of Operational Research，2012，217（3）：673-678.

［5］Demirag O C，Keskinocak P，Swann J. Customer rebates and retailer incentives in the presence of competition and price discrimination. European Journal of Operational Research，2011，215（1）：268-280.

［6］Dhar S K，Hoch S J. Price discrimination using in-store merchandising. Journal of Marketing，1996，60（1）：17-30.

［7］Fernandes T，Calamote A. Unfairness in consumer services：outcomes of differential treatment of new and existing clients. Journal of Retailing and Consumer Services，2016，28：36-44.

［8］Foubert B，Gijsbrechts E. Please or squeeze? brand performance implications of constrained and unconstrained multi-item promotions. European Journal of Operational Research，2010，202

(3)：880-892.

[9] Freimer M，Horsky D. Try it，you will like it—does consumer learning lead to competitive price promotions?. Marketing Science，2008，27 (5)：796-810.

[10] Hübner A，Kuhn H.，Kühn，S. An efficient algorithm for capacitated assortment planning with stochastic demand and substitution. European Journal of Operational Research，2016，250 (2)：505-520.

[11] Inman J J，McAlister L. Do coupon expiration dates affect consumer behavior? Journal of Marketing Research，1994，31 (3)：423-428.

[12] Jiang Y，Liu Y，Shang J，Yildirim P，Zhang Q. Optimizing online recurring promotions for dual-channel retailers：segmented markets with multiple objectives. European Journal of Operational Research，2018，267 (2) ：612-627.

[13] Johnson J，Tellis G J，Ip E H. To whom，when，and how much to discount? a constrained optimization of customized temporal discounts. Journal of Retailing，2013，89 (4)：361-373.

[14] Kantar Media. Print & Digital Promotion Trends：The View from Above https://www.kantarmedia.com/us/thinking-and-resources/blog/2018-print-digital-promotion-trends-the-view-from-above.

[15] Karray S. Effectiveness of retail joint promotions under different channel structures. European Journal of Operational Research，2011，210 (3)：745-751.

[16] Keller K L. Memory factors in advertising：The effect of advertising retrieval cues on brand evaluations. Journal of Consumer Research，1987，14 (3)：316-333.

[17] Khouja M. A joint optimal pricing，rebate value，and lot

sizing model. European Journal of Operational Research，2006，174 (2)：706−723.

[18] Kogan K，Herbon A. A supply chain under limited-time promotion：the effect of customer sensitivity. European Journal of Operational Research，2008，188 (1)：273−292.

[19] Krishna A，Zhang Z J. Short-or long-duration coupons：the effect of the expiration date on the profitability of coupon promotions. Management Science，1999，45 (8)：1041−1056.

[20] Kumar V，Swaminathan S. The different faces of coupon elasticity. Journal of Retailing，2005，81 (1)：1−13.

[21] Li Y M，Liou J H，Ni C Y. Diffusing mobile coupons with social endorsing mechanism. Decision Support Systems，2019，117：87−99.

[22] Martín-Herrán G，Sigué S P. Prices，promotions，and channel profitability：was the conventional wisdom mistaken?. European Journal of Operational Research，2011，211 (2)：415−425.

[23] Martín-Herrán G，Sigué S P. Trade deals and/ or on-package coupons. European Journal of Operational Research，2015，241 (2)：541−554.

[24] Mou S，Robb D J，DeHoratius N. Retail store operations：literature review and research directions. European Journal of Operational Research，2018，265 (2)：399−422.

[25] Nair S K，Tarasewich P. A model and solution method for multi-period sales promotion design. European Journal of Operational Research，2003，150 (3)：672−687.

[26] Narasimhan C. A price discrimination theory of coupons. Marketing Science，1984，3 (2)：128−147.

[27] Neslin S A. A market response model for coupon promotions. Marketing Science，1990，9 (2)：25−145.

[28] Newman C L, Cinelli M D, Vorhies D, Folse J A G. Benefitting a few at the expense of many? exclusive promotions and their impact on untargeted customers. Journal of the Academy of Marketing Science, 2019, 47 (1): 76-96.

[29] News America Marketing. 70% of consumers still look to traditional paper-based coupons for savings. https://www.newsamerica.com/70-of-consumers-still-look-to-traditional-paper-based-coupons-for-savings.

[30] O'Donoghue T, Rabin M. Incentives for procrastinators. Quarterly Journal of Economics, 1999, 114 (3): 769-816.

[31] Raju J S. Theoretical models of sales promotions: contributions, limitations, and a future research agenda. European Journal of Operational Research, 1995, 85 (1): 1-17.

[32] Rubin D C, Wenzel A E. One hundred years of forgetting: a quantitative description of retention. Psychological Review, 1996, 103 (4): 734.

[33] Sahni N S, Zou D, Chintagunta P K. Do targeted discount offers serve as advertising? evidence from 70 field experiments. Management Science, 2016, 63 (8): 2688-2705.

[34] Shaffer G, Zhang Z J. Competitive one-to-one promotions. Management Science, 2002, 48 (9): 1143-1160.

[35] Shu S B, Gneezy A. Procrastination of enjoyable experiences. Journal of Marketing Research, 2010, 47 (5): 933-944.

[36] Silk T. Getting started is half the battle: the influence of deadlines and consumer effort on rebate redemption (Working paper). Sauder School of Business, University of British Columbia, Vancouver, BC, Canada, 2008.

[37] Soman D. The illusion of delayed incentives: evaluating future effort-money transactions. Journal of Marketing Research,

1998, 35 (4): 427-437.

[38] Su M, Zheng X, Sun L. Coupon trading and its impacts on consumer purchase and firm profits. Journal of Retailing, 2014, 90 (1): 40-61.

[39] Tellis G J. Advertising and sales promotion strategy. Reading, MA: Addison-Wesley, 1998.

[40] Trope Y, Liberman N. Temporal construal. Psychological review, 2003, 110 (3): 403.

[41] Trump R K. Harm in price promotions: when coupons elicit reactance. Journal of Consumer Marketing, 2016, 33 (4): 302-310.

[42] Vermeir I, Van Kenhove P. The influence of need for closure and perceived time pressure on search effort for price and promotional information in a grocery shopping context. Psychology & Marketing, 2005, 22 (1): 71-95.

[43] Ward R W, Davis J E. Coupon redemption. Journal of Advertising Research, 1978, 18 (4): 51-58.

[44] Zauberman G, Lynch Jr J G. Resource slack and propensity to discount delayed investments of time versus money. Journal of Experimental Psychology: General, 2005, 134 (1): 23.

[45] Zhang Z, Popkowski Leszczyc T L, Qu R. Joseph K. A joint optimal model of pricing, rebate value and redemption hassle. forthcoming in Decision Sciences, 2019.

[46] Zhou Y W, Cao B, Tang Q, Zhou W. Pricing and rebate strategies for an e-shop with a cashback website. European Journal of Operational Research, 2017, 262 (1): 108-122.

附　录

附录 3A　当价格为外生变量时，商家对于一期优惠券的最优策略

根据引理 2，商家可以提供两种选择：

选择 1：高端消费者不兑换优惠券，并且当兑换成本较高为c_{Hh}时以正常价格购买，而低端消费者无论成本是c_{Lh}还是c_{Ll}都会兑换。因为 $p=V_H$，我们得到$\begin{cases}U_{Ha}=V_H-p+(X-c_{Hh})<U_{Hb}=V_H-p\Rightarrow X<c_{Hh}\\U_{La}=V_L-p+(X-c_{Lh})\geqslant 0\Rightarrow X\geqslant V_H-V_L+c_{Lh}\end{cases}$。结合引理 1 中的 $X\geqslant V_H-V_L$，得到$V_H-V_L+c_{Lh}\leqslant X<c_{Hh}$，也就是说$V_H-V_L<c_{Hh}-c_{Lh}$成立。净收益$NB_1=-\beta_H n_H X+n_L(p-X)$在$X^*=V_H-V_L+c_{Lh}$时最大：

$$NB_1^*=n_L(V_L-c_{Lh})-\beta_H n_H(V_H-V_L+c_{Lh}) \tag{3A-1}$$

选择 2：高端消费者不兑换优惠券，并且在c_{Hh}时以原价购买，低端消费者在兑换成本较低为c_{Ll}时兑换优惠券。因为 $p=V_H$，我们有$\begin{cases}U_{Ha}<U_{Hb}=V_H-p\Rightarrow X<c_{Hh}\\U_{La}<0\Rightarrow X<V_H-V_L+c_{Lh}\end{cases}$。将 X 的两个条件与引理 1 的条件 $X\geqslant V_H-V_L$相结合，得到$V_H-V_L\leqslant X<\mathrm{Min}(c_{Hh},V_H-V_L+c_{Lh})$，当$V_H-V_L<c_{Hh}$时是可行的。净收益$NB_1=\beta_H n_H X+\beta_L n_L(V_H-X)$，在$X^*=V_H-V_L$时得到最大值：

$$NB_1^*=\beta_L n_L V_L-\beta_H n_H(V_H-V_L) \tag{3A-2}$$

附录 3B　商家对于两期或三期优惠券的最优策略——价格外生时

对于两期和三期优惠券（命题 5b 和表 3-4）：如引理 3 所述，高端消费者将在面对高成本时推迟优惠券的兑换。我们根据不同优

惠券的面值来讨论优惠券策略。

1. 当 $X \geqslant \mathrm{Max}(V_H - V_L, c_{Hh})$ 且 $\gamma_H(X) < V_H$ 时

在这种情况下，我们知道高端消费者的兑换率遵循模式 2，即两期优惠券的总兑换量总是超过三期优惠券的总兑换量。接下来研究低端消费者的优惠券兑换行为。

首先，条件 $X < c_{Lh}$ 不存在，因为 $X \geqslant \mathrm{Max}(V_H - V_L, c_{Hh})$，且 $c_{Hh} \geqslant c_{Lh}$。因此，当 $X \geqslant c_{Lh}$ 时，见表 3-2，我们知道低端消费者会在成本为 c_{Lh}，当 $V_H - V_L \leqslant X < V_H - V_L + c_{Lh}$ 或当 $X \geqslant V_H - V_L + c_{Lh}$ 且 $\gamma_L(X) < V_H$ 时推迟兑换，当 $X \geqslant V_H - V_L + c_{Lh}$ 和 $\gamma_L(X) \geqslant V_H$ 时，他们将立即兑换。根据这三个条件，我们得到：

(1) 当 $V_H - V_L \leqslant X < V_H - V_L + c_{Lh}$ 时。

这种情况下，低端消费者的兑换率遵循模式 1。考虑到高端消费者的兑换率遵循模式 2，使用三期优惠券的好处是，与发行两期优惠券相比，更多低端消费者且更少高端消费者会兑换优惠券。因此，我们得出结论，三期优惠券比两期优惠券更有利可图。三期优惠券的净收益目标函数为：

$$\begin{aligned} N1_3 = &[\beta_L + \mathrm{Min}(\alpha_L X, 1)(1-\beta_L)\beta_L + \mathrm{Min}(\alpha_L X, 1)^2 \\ &(1-\beta_L)^2\beta_L]n_L(V_H - X) - [\beta_H + \mathrm{Min}(\alpha_H X, 1) \\ &(1-\beta_H)\beta_H + \mathrm{Min}(\alpha_H X, 1)^2(1-\beta_H)^2]n_H X \end{aligned} \tag{3B-1}$$

(2) 当 $X \geqslant V_H - V_L + c_{Lh}$ 且 $\gamma_L(X) < V_H$ 时。

低端消费者和高端消费者的兑换都遵循模式 2。与发行两期优惠券相比，使用三期优惠券的好处是高端消费者会更少地兑换优惠券（由于遗忘），但代价是低端消费者兑换的优惠券相应也会减少。因此，两期和三期优惠券都有可能成为最优，其相应的净收益目标函数分别为：

$$\begin{aligned} N2_2 = &[\beta_L + \mathrm{Min}(\alpha_L X, 1)(1-\beta_L)]n_L(V_H - X) \\ &-[\beta_H + \mathrm{Min}(\alpha_H X, 1)(1-\beta_H)]n_H X \end{aligned} \tag{3B-2}$$

$$N2_3 = [\beta_L + \mathrm{Min}(\alpha_L X, 1)(1-\beta_L)\beta_L + \mathrm{Min}(\alpha_L X, 1)^2$$

$$(1-\beta_L)^2]n_L(V_H-X)-[\beta_H+\text{Min}(\alpha_H X,1)(1-\beta_H)\beta_H+\text{Min}(\alpha_H X,1)^2(1-\beta_H)^2]n_H X \quad (3B-3)$$

(3) 当 $X \geqslant V_H-V_L+c_{Lh}$ 且 $\gamma_L(X) \geqslant V_H$ 时。

低端消费者不会在较高的成本 c_{Lh} 时推迟兑换，而是在第一期兑换，而高端消费者的兑换遵循模式 2。三期优惠券比两期优惠券更有益，因为与两期优惠券相比高端消费者更少，而低端消费者的数量相同。三期优惠券的净收益目标函数是：

$$N3_3=n_L(V_H-X)-[\beta_H+\text{Min}(\alpha_H X,1)(1-\beta_H)\beta_H+\text{Min}(\alpha_H X,1)^2(1-\beta_H)^2]n_H X \quad (3B-4)$$

2. 当 $V_H-V_L \leqslant X < c_{Hh}$ 时

高端消费者的兑换行为遵循模式 1。因此，发行长期优惠券的唯一原因是来自低端消费者的额外兑换（也就是模式 1）。根据命题 1 和命题 3，低端消费者按模式 1 兑换的条件是 $\text{Max}(V_H-V_L, c_{Lh}) \leqslant X < V_H-V_L+c_{Lh}$，或 $X < c_{Lh}$。否则，当低端消费者遵循模式 2 时，由于低端消费者和高端消费者的兑换都造成了损失，因此长期优惠券将不会有益，其损失高于一期优惠券。当 $\text{Max}(V_H-V_L, c_{Lh}) \leqslant X < V_H-V_L+c_{Lh}$，或 $X < c_{Lh}$ 时使用三期优惠券的好处是低端消费者会比发行两期优惠券时更多地兑换优惠券，但代价是高端消费者也会更多地兑换优惠券。二期和三期优惠券的净收益目标函数分别为：

$$N4_2=[\beta_L+\text{Min}(\alpha_L X,1)(1-\beta_L)\beta_L]n_L(V_H-X)-[\beta_H+\text{Min}(\alpha_H X,1)(1-\beta_H)\beta_H]n_H X \quad (3B-5)$$

$$N4_3=[\beta_L+\text{Min}(\alpha_L X,1)(1-\beta_L)\beta_L+\text{Min}(\alpha_L X,1)^2(1-\beta_L)^2\beta_L]n_L(V_H-X)-[\beta_H+\text{Min}(\alpha_H X,1)(1-\beta_H)\beta_H+\text{Min}(\alpha_H X,1)^2(1-\beta_H)^2\beta_H]n_H X \quad (3B-6)$$

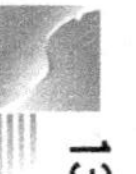

附录 3C 不同面值约束下，商家的净收益和优惠券最优面值（见表 3C－1）

表 3C－1 不同面值约束下，商家的净收益和最优面值

策略	对 X 的约束	有效期	净收益	优惠券最优面值
N1	$\text{Max}(V_H-V_L, c_{Hh})\leqslant X<V_H-V_L+c_{Lh}$ 和 $\gamma_H(X)<V_H$	3	$N1_3=[\beta_L+\text{Min}(\alpha_L X,1)(1-\beta_L)\beta_L+\text{Min}(\alpha_L X,1)^2(1-\beta_L)^2\beta_L]n_L(V_H-X)-[\beta_H+\text{Min}(\alpha_H X,1)(1-\beta_H)\beta_H+\text{Min}(\alpha_H X,1)^2(1-\beta_H)^2]n_H X$	$X^*=\frac{2[\alpha_L\beta_L n_L(1-\beta_L)+\alpha_H\beta_H n_H(1-\beta_H)-\alpha_L^2\beta_L n_L V_H(1-\beta_L)^2]}{-6[\alpha_H^2 n_H(1-\beta_H)^2+\alpha_L^2\beta_L n_L(1-\beta_L)^2]}$ $\Delta=[2[\alpha_L\beta_L n_L(1-\beta_L)+\alpha_H\beta_H n_H(1-\beta_H)-\alpha_L^2\beta_L n_L V_H(1-\beta_L)^2]]^2-4\times(-3)[\alpha_H^2 n_H(1-\beta_H)^2+\alpha_L^2\beta_L n_L(1-\beta_L)^2](-\beta_L n_L-\beta_H n_H+\alpha_L\beta_L n_L V_H-\alpha_L^2\beta_L n_L V_H)$
N2	$X\geqslant\text{Max}(V_H-V_L+c_{Lh}, c_{Hh})$ 且 $\text{Max}(\gamma_H(X), \gamma_L(X))<V_H$	2	$N2_2=[\beta_L+\text{Min}(\alpha_L X,1)(1-\beta_L)]n_L(V_H-X)-[\beta_H+\text{Min}(\alpha_H X,1)(1-\beta_H)]n_H X$	$X^*=\frac{\beta_L n_L-\alpha_L n_L V_H+\alpha_L\beta_L n_L V_H+\beta_H n_H}{2(\alpha_L\beta_L n_L+\alpha_H n_H\beta_H-\alpha_L n_L-\alpha_H n_H)}$
		3	$N2_3=[\beta_L+\text{Min}(\alpha_L X,1)(1-\beta_L)\beta_L+\text{Min}(\alpha_L X,1)^2(1-\beta_L)^2]n_L(V_H-X)-[\beta_H+\text{Min}(\alpha_H X,1)(1-\beta_H)\beta_H+\text{Min}(\alpha_H X,1)^2(1-\beta_H)^2]n_H X$	$X^*=\frac{-\alpha_H\beta_H+\alpha_H\beta_H^2\pm\sqrt{-3\alpha_H^2\beta_H+7\alpha_H^2\beta_H^2-5\alpha_H^2\beta_H^3+\alpha_H^2\beta_H^4}}{3(\alpha_H^2-2\alpha_H^2\beta_H+\alpha_H^2\beta_H^2)}$

续表

策略	对 X 的约束	有效期	净收益	优惠券最优面值
$N3$	$X \geqslant Max(V_H - V_L + c_{Lh}, c_{Hh})$ 且 $\gamma_H(X) < V_H \leqslant \gamma_L(X)$	3	$N3_3 = n_L(V_H - X) - [\beta_H + Min(\alpha_H X, 1)(1-\beta_H)\beta_H + Min(\alpha_H X, 1)^2(1-\beta_H)^2]n_H X$	由于$N3_3$随着 X 增大而减小，所以 X 的最优解是约束下限
$N4$	$Max(V_H - V_L, c_{Lh}) \leqslant X < Min(V_H - V_L + c_{Lh}, c_{Hh})$ 或 $V_H - V_L \leqslant X < c_{Lh}$	2	$N4_2 = [\beta_L + Min(\alpha_L X, 1)(1-\beta_L)\beta_L] n_L(V_H - X) - [\beta_H + Min(\alpha_H X, 1)(1-\beta_H)\beta_H]n_H X$	$X^* = \frac{\alpha_L(1-\beta_L)\beta_L n_L V_H - \beta_L n_L - \beta_H n_H}{2\alpha_L(1-\beta_L)\beta_L n_L + 2\alpha_H(1-\beta_H)\beta_H n_H}$
		3	$N4_3 = [\beta_L + Min(\alpha_L X, 1)(1-\beta_L)\beta_L + Min(\alpha_L X, 1)^2(1-\beta_L)^2\beta_L]n_L(V_H - X) - [\beta_H + Min(\alpha_H X, 1)(1-\beta_H)\beta_H + Min(\alpha_H X, 1)^2(1-\beta_H)^2\beta_H]n_H X$	$X^* = \frac{2[\alpha_L\beta_L n_L(1-\beta_L) + \alpha_H\beta_H n_H(1-\beta_H) - \alpha_L{}^2\beta_L n_L V_H(1-\beta_L)^2]}{-6[\alpha_H{}^2 n_H\beta_H(1-\beta_H)^2 + \alpha_L{}^2\beta_L n_L(1-\beta_L)^2]}$ $\Delta = [2[\alpha_L\beta_L n_L(1-\beta_L) + \alpha_H\beta_H n_H(1-\beta_H) - \alpha_L{}^2\beta_L n_L V_H(1-\beta_L)^2]]^2 - 4 \times (-3)[\alpha_H{}^2 n_H \beta_H(1-\beta_H)^2 + \alpha_L{}^2\beta_L n_L(1-\beta_L)^2](-\beta_L n_L - \beta_H n_H + \alpha_L\beta_L n_L V_H - \alpha_L{}^2\beta_L n_L V_H)$

补充材料

补充材料 A：遗忘后回忆优惠券

我们允许忘记优惠券的消费者在第三个周期内回忆起它（因为遗忘只会从第二个周期发生）。在这里，对回忆有一定限制——忘记了优惠券的消费者在下一周期记起的概率更低。数学上有$\theta_i<\mathrm{Min}(\alpha_i X,1)$，$\theta_i$是消费者可以想起优惠券的机会，因为他在第二个周期忘记了。这一限制非常简单，因为比起常规回忆率$\alpha_i X$来说，已经遗忘了一个周期的优惠券更不容易被记起。

考虑遗忘后的回忆率降低，如表 3-1 所示，消费者在第三期的兑换率是$\mathrm{Min}(\alpha_i X,1)^2(1-\beta_i)^2\beta_i+[1-\mathrm{Min}(\alpha_i X,1)]\theta_i(1-\beta_i)\beta_i$。第二项中的$[1-\mathrm{Min}(\alpha_i X,1)]\theta_i$表示消费者在第二周期忘记了优惠券但在末期记起它的可能性。其中，第二项中$(1-\beta_i)$和β_i表明他在第一周期处于高成本而在第三周期处于低成本的情况。但鉴于$\theta_i<\mathrm{Min}(\alpha_i X,1)$，可以得到第三周期的总兑换率，$\mathrm{Min}(\alpha_i X,1)^2(1-\beta_i)^2\beta_i+[1-\mathrm{Min}(\alpha_i X,1)]\theta_i(1-\beta_i)\beta_i$低于第二周期的兑换率$\mathrm{Min}(\alpha_i X,1)(1-\beta_i)\beta_i$，如命题 1 所述。因此得出的结论是，长期优惠券的总兑换率较高，这与命题 1 一致。

同样，考虑遗忘后记起，表 3-2 中消费者在第三期的兑换率变为$\mathrm{Min}(\alpha_i X,1)^2(1-\beta_i)^2+[1-\mathrm{Min}(\alpha_i X,1)]\theta_i(1-\beta_i)$。当回忆率$\theta_i$不是太高时，命题 2 中的兑换模式仍将保持。因此，为了简洁起见，我们在模型分析中假设遗忘后的回忆率为零。

补充材料 B：当价格外生时，长期和一期优惠券净收益的比较

我们将长期优惠券（附录 3C）的净收益与一期优惠券的净收益

（附录 3A）进行比较。因为长期优惠券的最优面值X^*太复杂而无法插入净收益方程，我们将X^*视为外生的并将利润导出为包含X^*及高端消费者的回忆率（$\mathrm{Min}(\alpha_H X^*, 1)$）的函数。接下来，可以针对高端消费者的不同回忆水平，比较长期优惠券的净收益，并将其与一期优惠券的净收益进行比较。

1. 三期与一期优惠券盈利能力的比较

当低端消费者遵循模式 1 且高端消费者遵循模式 2 时，三期优惠券优于二期（见表 3-4 中 N1 策略）。根据附录 3C，商家三期优惠券的净收益是 $N1_3=[\beta_L+\mathrm{Min}(\alpha_L X^*, 1)(1-\beta_L)\beta_L+\mathrm{Min}(\alpha_L X^*, 1)^2(1-\beta_L)^2\beta_L]n_L(V_H-X^*)-[\beta_H+\mathrm{Min}(\alpha_H X^*, 1)(1-\beta_H)\beta_H+\mathrm{Min}(\alpha_H X^*, 1)^2(1-\beta_H)^2]n_H X^*$，可以简化为，$N1_3=-A\mathrm{Min}(\alpha_H X^*, 1)^2-B\mathrm{Min}(\alpha_H X^*, 1)+C$。这里，$A=(1-\beta_H)^2 n_H X^*$，$B=(1-\beta_H)\beta_H n_H X^*$ 以及 $C=[\beta_L+\mathrm{Min}(\alpha_L X^*, 1)(1-\beta_L)\beta_L+\mathrm{Min}(\alpha_L X^*, 1)^2(1-\beta_L)^2\beta_L]n_L(V_H-X^*)-\beta_H n_H X^*$。

接下来解不等式$N1_3>\tau$（τ 是附录 3A 中一期优惠券的净收益），并有 $\mu_1<\mathrm{Min}(\alpha_H X^*, 1)<\mu_2$，其中 $\mu_1=\dfrac{-B-\sqrt{B^2-4A(\tau-C)}}{2A}$（$\mu_1<0$ 因为 $B>0$）以及 $\mu_2=\dfrac{-B+\sqrt{B^2-4A(\tau-C)}}{2A}$。因为 $\mu_1<0$，条件 $\mu_1<\mathrm{Min}(\alpha_H X^*, 1)<\mu_2$ 变成 $0<\mathrm{Min}(\alpha_H X^*, 1)<\mu_2$。

与一期优惠券相比，$0<\mathrm{Min}(\alpha_H X^*, 1)<\mu_2$ 时三期优惠券利润更大。所以得出结论，当低端消费者遵循模式 1，而高端消费者遵循模式 2 时，高端消费者的记忆水平如果足够低，三期优惠券比一期优惠券更有利可图。使用相同的步骤可以很容易地看出，当低端消费者遵循模式 2（或模式 0），而高端消费者遵循模式 2，以及当低端消费者和高端消费者同时遵循模式 1 时，此结果也适用于其他三期优惠券。

2. 两期与一期优惠券的盈利能力比较

当低端消费者、高端消费者都遵循一个模式时，两期和三期优惠券都能达到最优（参见表 3-4 中 N2 策略）。在这里，我们关注两期优惠券，其净收益为$N2_2=[\beta_L+\text{Min}(\alpha_L X^*, 1)(1-\beta_L)]n_L(V_H-X^*)-[\beta_H+\text{Min}(\alpha_H X^*, 1)(1-\beta_H)]n_H X^*$（根据附录 3C）。

对X^*使用与上述相同的方法。解不等式$N2_2>\tau$（τ是附录 3A 中一期优惠券的净收益），有 $\text{Min}(\alpha_H X^*, 1)<\mu_3$，此时 $\mu_3=\dfrac{[\beta_L+\text{Min}(\alpha_L X^*, 1)(1-\beta_L)]n_L(V_H-X^*)-\beta_H n_H X^*-\tau}{(1-\beta_H)n_H X^*}$。

因此结论是，当低端消费者和高端消费者都遵循模式 2 时，如果高端消费者的回忆率足够低，那么两期优惠券比一期优惠券更优。同样，当低端消费者和高端消费者都遵循表 3－4 中的模式 1 时，该结果也适用于其他两期优惠券。

补充材料 C：数值分析

在外生价格下，我们对根据面值和有效期选择优惠券的最佳设计的决策过程进行了数值模拟。首先说明用于确定全局最优优惠券设计策略的过程。具体而言，利用表 3－4 以及附录 3A 和 3C 中的结果推导出最优优惠券面值和有效期以及净收益。对于由参数V_H，V_L，c_{Hh}，c_{Lh}，α_H，α_L，β_H，β_L，n_H和n_L描述的给定市场条件，使用以下过程：

步骤 1：通过计算$n_H V_H/(n_H+n_L)\ V_L$的值来检验$p=V_H$是不是不提供优惠券时的最优定价策略。如果$\dfrac{n_H V_H}{(n_H+n_L)\ V_L}<1$，终止，因为当$p=V_L$是不使用优惠券的最优定价策略时，没有必要靠提供优惠券来吸引低端消费者购买。如果$\dfrac{n_H V_H}{(n_H+n_L)\ V_L}\geqslant 1$，则继续下一步。

步骤 2：将相应的参数代入附录 3A 的表达式中，计算出一期优惠券的最优净收益。显然，当$V_H-V_L<c_{Hh}-c_{Lh}$时，对于一期优惠券来说，存在两种候选策略，当$c_{Hh}-c_{Lh}\leqslant V_H-V_L<c_{Hh}$时，仅存在一种策略。当$V_H-V_L\geqslant c_{Hh}$时，提供一期优惠券不是最佳选择。

步骤 3：根据相应的估值差距（小、中、大），计算出表3－4所列的带有长期优惠券的候选策略的净收益。每种策略的净收益和对 X 的约束表达式列于附录 3C 的表 3C－1 中。

具体计算过程如下：

（1）利用附录 3C 中表 3C－1 最后一列的表达式计算最优面值X^*。

（2）如果最优面值X^*满足附录 3C 中表 3C－1 的第 2 列中相应的约束条件，接下来使用第 4 列中的表达式计算各自的净收益。

（3）如果X^*不满足相应的约束条件，则对约束条件下 X 的所有可能值进行数值扫描，确定X^*的最优边界解。在此基础上，计算净收益。

步骤 4：比较包括一期和长期优惠券在内的所有候选策略，找出全局最优策略及其净收益。

基于以上步骤，价格外生时的最优优惠券策略的数值分析集中于三个条件，在这三个条件下，高端消费者和低端消费者之间的估值差距相对于兑换成本而言要么较小（$V_H-V_L<c_{Hh}-c_{Lh}$），要么中等（$c_{Hh}-c_{Lh}\leqslant V_H-V_L<c_{Hh}$）或者较大（$V_H-V_L\geqslant c_{Hh}$）。对于前两种情况（中小差距），一期优惠券可以是最优的，如表 3－4 所示。表 OC－1 总结了三个条件的数值分析中使用的参数值。我们重点关注表 3－5 中总结的不同兑换模式的条件。

表 OC－1　用于确定最佳优惠券面值和有效期的参数值

	数值分析中所用的参数值									
条件	V_H	V_L	c_{Hh}	c_{Lh}	α_H	α_L	β_H	β_L	n_H	n_L
$V_H-V_L<c_{Hh}-c_{Lh}$	2.5	1	2	0.4	0.16	0.24	0.3	0.6	29	30
$c_{Hh}-c_{Lh}\leqslant V_H-V_L<c_{Hh}$	4	2	3	1	0.008	0.3	0.02	0.05	35	30
$V_H-V_L\geqslant c_{Hh}$	3	1	2	0.8	0.07	0.4	0.05	0.5	150	10

（1）较小估值差距：$V_H-V_L<c_{Hh}-c_{Lh}$。在表 OC－2 中，首先得到$n_HV_H/(n_H+n_L)V_L$大于 1，这表明设置 $p=V_H$是不提供优惠券时的最优定价策略。接下来，通过以上讨论的确定全局最优策略的过程，发现在该市场中，最优优惠券有效期为三个周期，且高端消

费者和低端消费者都遵循模式 1。最后，如表 3－5 所示，表 OC－2 的最后一行为单调递减的兑换模式。

表 OC－2　当 $V_H - V_L < c_{Hh} - c_{Lh}$ 时的最优优惠券策略

n_H	29
$n_H V_H/(n_H + n_L)V_L$	1.23
X^*	1.5
最佳有效期	3
与消费者类型相应的兑换模式	高端消费者：模式 1 低端消费者：模式 1
兑换曲线 （y 轴 ＝ 两种类型合并兑换率；x 轴＝周期数）	30 20 10 0 1　2　3

（2）中等估值差距：$c_{Hh} - c_{Lh} \leqslant V_H - V_L < c_{Hh}$。在表 OC－3 中，我们有$n_H V_H/(n_H + n_L)V_L$大于 1，这表明 $p = V_H$是没有优惠券时的最优价格。接下来，在确定全局最优策略的过程后，数值分析表明，最优有效期为两个周期，高端消费者和低端消费者兑换均遵循模式 2。最后，类似于表 3－5 中的理论预测，我们观察到两期和三期优惠券在最后有一个峰值，因为$\alpha_H X^* = 0.024 > \frac{\beta_H}{1-\beta_H} = 0.0204$ 以及 $\alpha_L X^* = 0.9 > \frac{\beta_L}{1-\beta_L} = 0.053$。

表 OC－3　当 $c_{Hh} - c_{Lh} \leqslant V_H - V_L < c_{Hh}$ 时的最优优惠券策略

n_H	35
$n_H V_H/(n_H + n_L)\ V_L$	1.07
X^*	3
最优有效期	2
与消费者类型相应的兑换模式	高端消费者：模式 2 低端消费者：模式 2

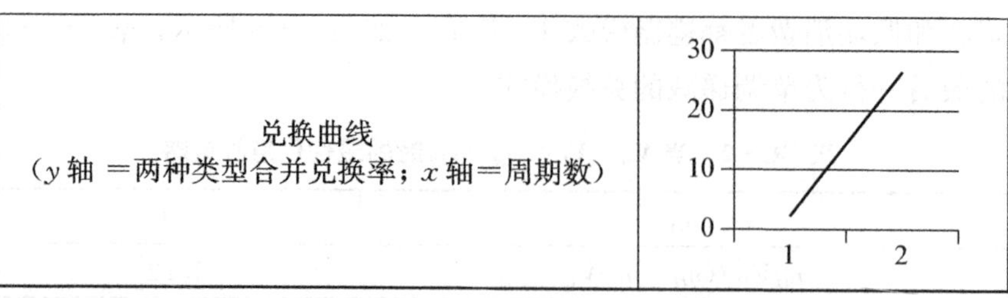

兑换曲线 （y 轴 ＝两种类型合并兑换率；x 轴＝周期数）	

（3）较大估值差距：$V_H - V_L \geqslant c_{Hh}$。同样，在表 OC－4 中显示 $n_H V_H/(n_H+n_L)V_L$ 大于 1，这表明 $p=V_H$ 是没有优惠券时的最优价格。按照确定全局最优策略的相同过程，数值分析显示最优优惠券有效期是三期以及高端消费者和低端消费者分别按照模式 2（$\alpha_H X^*=0.21>\frac{\beta_H}{1-\beta_H}=0.053$）和模式 1 兑换。如表 3－5 所示，整体兑换模式尚未确定。但由于高端消费者的数量 $n_H=150$ 与低端消费者的数量 $n_L=10$ 相比足够多，高端消费者的兑换对整体兑换模式的贡献要大于低端消费者。因此，在最后一个周期中可观察到高端消费者的模式 2 导致的峰值。

表 OC－4　当 $V_H - V_L \geqslant c_{Hh}$ 时的最优优惠券策略

n_H	150
$n_H V_H/(n_H+n_L)V_L$	1.107
X^*	2
最优有效期	3
与消费者类型相应的兑换模式	高端消费者：模式 2 低端消费者：模式 1
兑换曲线 （y 轴 ＝两种类型合并兑换率；x 轴＝周期数）	15 10 5 0 1　2　3

补充材料 D：价格内生时商家的决策过程

当价格是内生的时候，我们首先展示一些与使用优惠券相关的新引理：

引理 1： 当提供优惠券时，完全排除一个细分市场的购买并非最优。

引理 1 很简单。如果商家仅通过提供优惠券服务于一个细分市场，则它从该细分市场所能获得的最大利润不超过两个基准模型的价格。因此，它的利润肯定低于这两个基准。

引理 2： 当提供优惠券时，需要限制低端消费者仅使用优惠券购买产品。

引理 2 表明，低端消费者在不兑换优惠券的情况下不会以正常价格购买产品，因为如果低端消费者购买，产品的价格应该足够低，以使$U_{Lb}=V_L-p_c\geqslant 0$[①]，即 $p\leqslant V_L$。显然，由于这两种类型都有机会兑换优惠券，这将进一步降低价格 p，因此这种策略比基准 1（其中 $p_B=V_L$）的情况更糟。由引理 2 可知，$U_{Lb}=V_L-p_c<0$，$U_{Ld}=V_L-p_c+X\geqslant 0$，即$V_L<p_c\leqslant V_L+X$。

引理 3： 提供优惠券时，价格不会超过高端消费者的估值V_H，即 $p\leqslant V_H$。

引理 3 的证明也很明显。如果价格高于高端消费者的估值，即 $p_c>V_H$，则商家放弃直接将产品出售给他们的收益，而无须兑换优惠券。然而，当高端消费者不购买产品时，根据引理 2（$p_c\leqslant V_L+X$），商家所能获得的最大利润不超过n_LV_L。因此，$p_c>V_H$的盈利能力主要是基准 1，且不可能是最优的。

引理 4： 当提供一期优惠券时，需要通过在实现的兑换成本为

① U_{Lb}标签可以这样理解：L 表示正在考虑的消费者的类型，b 表示不使用优惠券购买的效用。

c_{Hh}的时候兑换优惠券来排除高端消费者购买产品的情况。

引理 4 的理解如下：对于一期优惠券，如果允许高端消费者在面对c_{Hh}时兑换优惠券来购买产品，那么在面对c_{Hl}时也会购买。因此，高端消费者将始终使用优惠券购买。由于$p_c \leqslant V_L + X$，如引理 2 所示，得到$p_c - X \leqslant V_L$，这说明每卖给高端消费者一个单位，利润不超过V_L。显然，该策略以基准 1 为主导，其中从高端消费者获得的单位利润为V_L。

引理 5：提供 N 期优惠券时，需要限制高端消费者在面临高兑换成本c_{Hh}时推迟兑换。

首先假设优惠券有效期为 N。如果高端消费者在面对c_{Hh}时不推迟兑换优惠券，他们将始终在第一期内兑换优惠券并在下 $N-1$ 个周期内以正常价格购买产品。在接下来的 $N-1$ 个周期内，部分n_L低端消费者将通过兑换优惠券购买产品。同样，在第一个周期，由于 $p \leqslant V_L + X$，如引理 2 所述，得到$p_c - X \leqslant V_L$，这表明每向高端和低端消费者销售一件产品，其单位利润不超过V_L。此外，从低端消费者获得的总利润不超过$n_L V_L$，因为低端消费者仅使用优惠券购买产品，如引理 2 所示。显然，这种策略主要是在第一个周期通过基准 1 销售产品，然后在剩余的时间内通过基准 2 销售产品。

接下来研究卖家关于一期和多期优惠券的最优设计和定价策略。

1. 一期优惠券

优惠券有效期为一个周期，两种类型都不能推迟兑换优惠券。根据引理 1～4，商家有两种选择。

(1) 高端消费者不兑换优惠券，但在面对c_{Hh}时以正常价格购买，无论兑换成本是 c_{Lh} 还是 c_{Ll}，低端消费者都会兑换优惠券。

$$\Rightarrow \begin{cases} U_{Ha} = V_H - p_c + (X - c_{Hh}) < U_{Hb} = V_H - p_c \Rightarrow X < c_{Hh} \\ U_{La} = V_L - p_c + (X - c_{Lh}) \geqslant 0 \Rightarrow p_c \leqslant V_L + (X - c_{Lh}) \end{cases}$$

如引理 2 和引理 3 中所述，因为也需要$V_L < p_c \leqslant V_H$和 $p_c \leqslant V_L + X$，有

$$V_L < p_c \leqslant \mathrm{Min}(V_H, V_L + X, V_L + (X - c_{Lh}))$$

$$\Rightarrow V_L < p_c \leqslant \mathrm{Min}(V_H, V_L + (X - c_{Lh})) \quad \text{(OD-1)}$$

这里，商家的利润是：

$$\pi_{11} = \beta_H n_H (p_c - X) + (1 - \beta_H) n_H p_c + n_L (p_c - X)$$

1)如果$V_L + (X - c_{Lh}) \leqslant V_H \Rightarrow X \leqslant V_H - V_L + c_{Lh}$，因为 $X < c_{Hh}$，得到 $X < \mathrm{Min}\{V_H - V_L + c_{Lh}, c_{Hh}\}$。

为了利润最大化，$p_c = V_L +$ $(X - c_{Lh})$，且

$$\pi_{111} = \beta_H n_H (V_L - c_{Lh}) + (1 - \beta_H) n_H [V_L + (X - c_{Lh})] + n_L (V_L - c_{Lh})$$

- 如果$V_H - V_L + c_{Lh} < c_{Hh} \Rightarrow V_H - V_L < c_{Hh} - c_{Lh}$且 $X \leqslant V_H - V_L + c_{Lh}$。

当$X^* = V_H - V_L + c_{Lh}$时，这意味着 $p_c^* = V_H$，利润最大化以及

$$\pi_{111}^* = \beta_H n_H (V_L - c_{Lh}) + (1 - \beta_H) n_H V_H + n_L (V_L - c_{Lh}) \quad \text{(OD-2)}$$

- 如果$V_H - V_L + c_{Lh} \geqslant c_{Hh} \Rightarrow V_H - V_L \geqslant c_{Hh} - c_{Lh}$且 $X \leqslant c_{Hh}$。

当$X^* = c_{Hh}$时，这意味着 $p_c^* = V_L +$ $(c_{Hh} - c_{Lh})$，利润最大化以及

$$\pi_{111}^* = \beta_H n_H (V_L - c_{Lh}) + (1 - \beta_H) n_H [V_L + (c_{Hh} - c_{Lh})] + n_L (V_L - c_{Lh}) \quad \text{(OD-3)}$$

2) 如果$V_L +$ $(X - c_{Lh})$ $\geqslant V_H \Rightarrow X > V_H - V_L + c_{Lh}$，因为 $X < c_{Hh}$，我们有 $V_H - V_L < c_{Hh} - c_{Lh}$。

当$p_c^* = V_H$且 $X^* = V_H - V_L + c_{Lh}$

$$\pi_{112}^* = \beta_H n_H (V_L - c_{Lh}) + (1 - \beta_H) n_H V_H + n_L (V_L - c_{Lh}) \quad \text{(OD-4)}$$

π_{112}^*与π_{111}^*相同。

(2) 当兑换成本较高时，高端消费者和低端消费者均不兑换优

惠券，这种情况下只有高端消费者按正常价格购买：

$$\Rightarrow\begin{cases}U_{Ha}=V_H-p_c+(X-c_{Hh})<U_{Hb}=V_H-p_c\Rightarrow X<c_{Hh}\\U_{La}=V_L-p_c+(X-c_{Lh})<0\Rightarrow p_c>V_L+(X-c_{Lh})\end{cases}$$

因为还需要引理 2 和引理 3 中所述的$V_L<p_c\leqslant V_H$和 $p_c\leqslant V_L+X$，我们有

$$\mathrm{Max}(V_L,V_L+(X-c_{Lh}))<p_c\leqslant \mathrm{Min}(V_H,V_L+X)\quad \text{(OD-5)}$$

这里，商家的利润是：

$$\pi_{12}=\beta_H n_H(p_c-X)+(1-\beta_H)n_H p_c+\beta_L n_L(p_c-X)$$

1）如果$V_L+X\leqslant V_H\Rightarrow X\leqslant V_H-V_L$。

根据式（OD-5），得到$\begin{cases}V_L+X>V_L\Rightarrow X>0\\V_L+X>V_L+(X-c_{Lh})\Rightarrow c_{Lh}>0\end{cases}$

因为 $X<c_{Hh}$，有 $X<\mathrm{Min}(c_{Hh},V_H-V_L)$。

为了利益最大化，$p_c=V_L+X$ 且

$$\pi_{121}=\beta_H n_H V_L+(1-\beta_H)n_H[V_L+X]+\beta_L n_L V_L$$

● 如果$V_H-V_L<c_{Hh}\Rightarrow X\leqslant V_H-V_L$。

当$X^*=V_H-V_L$时，这意味着 $p_c^*=V_H$，商家利润最大化并且

$$\pi_{121}^*=\beta_H n_H V_L+(1-\beta_H)n_H V_H+\beta_L n_L V_L\quad \text{(OD-6)}$$

● 如果$V_H-V_L>c_{Hh}\Rightarrow X\leqslant c_{Hh}$。

当$X^*=c_{Hh}$，这意味着 $p_c^*=V_L+c_{Hh}$，商家的利润最大化且

$$\pi_{121}^*=\beta_H n_H V_L+(1-\beta_H)n_H(V_L+c_{Hh})+\beta_L n_L V_L\quad \text{(OD-7)}$$

2）如果$V_L+X\geqslant V_H\Rightarrow X>V_H-V_L$。

在这里，根据式（OD-5），我们有

$$\begin{cases}V_H>V_L\\V_H>V_L+(X-c_{Lh})\Rightarrow V_H-V_L<X<V_H-V_L+c_{Lh}\end{cases}$$

因为 $X<c_{Hh}$，有 $V_H-V_L<X<\mathrm{Min}(c_{Hh}, V_H-V_L+c_{Lh})$，意味着 $V_H-V_L<c_{Hh}$。

当$X^*=V_H-V_L$时，意味着 $p_c^*=V_H$，商家利润最大化且

$$\pi_{121}^*=\beta_H n_H V_L+(1-\beta_H)n_H V_H+\beta_L n_L V_L \tag{OD-8}$$

π_{122}^*与 π_{121}^*相同。

2. 两期优惠券

这里，当面临如引理 5 所述的高兑换成本时，高端消费者将推迟兑换优惠券。下面根据面值的不同优势，讨论商家的定价策略。

(1) $X\leqslant c_{Lh}$。

因为$c_{Lh}<c_{Hh}$，得到 $X<c_{Hh}$。显然，如果在所有周期内（包括最后一个周期）兑换成本都很高，则两类消费者都不会兑换优惠券。具体来说，当面对 c_{Hh}时，高端消费者将以正常价格购买产品而不使用优惠券；当面临 c_{Lh}时，低端消费者将不会购买。从引理 2 和引理 3 得到

$$V_L<p_c\leqslant \mathrm{Min}(V_H, V_L+X) \tag{OD-9}$$

这时，商家的收益如下：

$$\pi_{21}=[\beta_H+\alpha_H(1-\beta_H)\beta_H]n_H(p_c-X)+\{2-[\beta_H+\alpha_H(1-\beta_H)\beta_H]\}n_H p_c+[\beta_L+\alpha_L(1-\beta_L)\beta_L]n_L(p_c-X)$$

1) 如果$V_L+X\leqslant V_H\Rightarrow X\leqslant \mathrm{Min}(V_H-V_L, c_{Lh})$，为了收益最大化，$p_c=V_L+X$，

$$\pi_{211}=[\beta_H+\alpha_H(1-\beta_H)\beta_H]n_H V_L+\{2-[\beta_H+\alpha_H(1-\beta_H)\beta_H]\}n_H(V_L+X)+[\beta_L+\alpha_L(1-\beta_L)\beta_L]n_L V_L$$

• 如果$V_H-V_L>c_{Lh}\Rightarrow X\leqslant c_{Lh}$，以及当 $X^*=c_{Lh}$且 $p_c^*=V_L+c_{Lh}$，收益最大化且

$$\pi_{211}^*=[\beta_H+\alpha_H(1-\beta_H)\beta_H]n_H V_L+\{2-[\beta_H+\alpha_H(1-\beta_H)\beta_H]\}n_H(V_L+c_{Lh})+[\beta_L+\alpha_L(1-\beta_L)\beta_L]n_L V_L \tag{OD-10}$$

● 如果$V_H-V_L\leqslant c_{Lh}\Rightarrow X\leqslant V_H-V_L$，以及当 $X^*=V_H-V_L$ 且 $p_c^*=V_H$，收益最大化且

$$\pi_{211}^*=[\beta_H+\alpha_H(1-\beta_H)\beta_H]n_HV_L+\{2-[\beta_H+\alpha_H(1-\beta_H)\beta_H]\}n_HV_H+[\beta_L+\alpha_L(1-\beta_L)\beta_L]n_LV_L \quad \text{(OD-11)}$$

2）如果$V_L+X>V_H\Rightarrow V_H-V_L<X\leqslant c_{Lh}$，该策略出现的必要条件是 $V_H-V_L\leqslant c_{Lh}$。按照 1）中的类似讨论，当 $V_H-V_L\leqslant c_{Lh}$时，得出结论，$p_c^*=V_H$和 $X^*=V_H-V_L$时，商家收益最大化且

$$\pi_{212}^*=[\beta_H+\alpha_H(1-\beta_H)\beta_H]n_HV_L+\{2-[\beta_H+\alpha_H(1-\beta_H)\beta_H]\}n_HV_H+[\beta_L+\alpha_L(1-\beta_L)\beta_L]n_LV_L \quad \text{(OD-12)}$$

π_{212}^*与 π_{211}^*相同。

（2）$c_{Lh}\leqslant X<c_{Hh}$。

同样，由于 $X<c_{Hh}$，如果在任何周期（包括最后一个周期）中兑换成本为 c_{Hh}，高端消费者将不会兑换优惠券。相反，他们将以价格p_c购买一件产品。

然而，当 $X\geqslant c_{Lh}$时，低端消费者的情况更为复杂：

当$p_c>V_L+(X-c_{Lh})$时，任何周期(包括最后一个周期)中兑换成本为 c_{Lh},低端消费者将不会购买。

当$p_c\leqslant V_L+(X-c_{Lh})$时,只要 $p_c>V_L+X-c_{Lh}-\frac{\alpha_L\beta_Lc_{Lh}}{1-\alpha_L}$,低端消费者将推迟兑换优惠券（在最后一个周期之前），并且如果兑换成本是c_{Lh}，则不进行购买。但是，无论成本高还是低，低端消费者都会在最后的时间段内兑换优惠券。否则，当 $p_c\leqslant V_L+X-c_{Lh}-\frac{\alpha_L\beta_Lc_{Lh}}{1-\alpha_L}$时，低端消费者不会推迟兑换。理论上，当$p_c\leqslant V_L+X-c_{Lh}-\frac{\alpha_L\beta_Lc_{Lh}}{1-\alpha_L}$时，该策略永远不会是最佳。因为 $X<c_{Hh}$，如表 3－6 所示，高端消费者的总兑换量随着优惠券有效期的增加而增加。如果所有低端消费者在第一期使用优惠券，则提供任何周期大于一的优惠券只会让

高端消费者进一步兑换优惠券，这实际上会损害商家的利润。例如，如果多期优惠券可以持续三个周期，则商家可以通过缩短优惠券有效期来获得更好的收益，至于剩下两个周期，只能以正常售价仅卖给高端消费者。由于低端消费者已经在第一期用光了优惠券，他们不会在后两个周期进行购买。而高端消费者仍会以正常价格购买而不使用任何优惠券。因此，这个策略肯定会主导多期优惠券策略。据此，结论是：$p_c \leqslant V_L + X - c_{Lh} - \frac{\alpha_L \beta_L c_{Lh}}{1-\alpha_L}$时的策略不是最优的。

1）如果$p_c > V_L +（X - c_{Lh}）$。

由引理 2 和引理 3 有 $\text{Max}(V_L, V_L + (X - c_{Lh})) < p_c \leqslant \text{Min}(V_H, V_L + X)$。

由于$c_{Lh} \leqslant X$，上述不等式可以进一步简化为：

$$V_L + (X - c_{Lh}) < p_c \leqslant \text{Min}(V_H, V_L + X) \quad \text{(OD-13)}$$

商家的利润是：

$$\pi_{221} = [\beta_H + \alpha_H(1-\beta_H)\beta_H]n_H(p_c - X) + \{2 - [\beta_H + \alpha_H(1-\beta_H)\beta_H]\}n_H p_c + [\beta_L + \alpha_L(1-\beta_L)\beta_L]n_L(p_c - X)$$

A. 如果$V_L + X \leqslant V_H \Rightarrow c_{Lh} \leqslant X \leqslant \text{Min}(V_H - V_L, c_{Hh})$。

显然$V_L + X > V_L + (X - c_{Lh})$，对于收益最大化，$p_c = V_L + X$ 且

$$\pi_{2211} = [\beta_H + \alpha_H(1-\beta_H)\beta_H]n_H V_L + \{2 - [\beta_H + \alpha_H(1-\beta_H)\beta_H]\}n_H(V_L + X) + [\beta_L + \alpha_L(1-\beta_L)\beta_L]n_L V_L$$

- 如果$c_{Lh} < V_H - V_L \leqslant c_{Hh} \Rightarrow c_{Lh} \leqslant X \leqslant V_H - V_L$，当 $X^* = V_H - V_L$ 和 $p_c^* = V_H$，收益最大化且

$$\pi_{2211}^* = [\beta_H + \alpha_H(1-\beta_H)\beta_H]n_H V_L + \{2 - [\beta_H + \alpha_H(1-\beta_H)\beta_H]\}n_H V_H + [\beta_L + \alpha_L(1-\beta_L)\beta_L]n_L V_L \quad \text{(OD-14)}$$

- 如果$V_H - V_L > c_{Hh} \Rightarrow c_{Lh} \leqslant X \leqslant c_{Hh}$，当 $X^* = c_{Hh}$ 和 $p_c^* = V_L + c_{Hh}$，收益最大化且

$$\pi_{2211}^{*}=[\beta_H+\alpha_H(1-\beta_H)\beta_H]n_HV_L+\{2-[\beta_H+\alpha_H(1-\beta_H)\beta_H]\}n_H(V_L+c_{Hh})+[\beta_L+\alpha_L(1-\beta_L)\beta_L]n_LV_L \quad (OD-15)$$

B. 如果$V_L+X>V_H \Rightarrow X>V_H-V_L$，因为式（OD-13）中需要$V_H>V_L+(X-c_{Lh})$，有 $\mathrm{Max}(V_H-V_L, c_{Lh})<X<\mathrm{Min}(V_H-V_L+c_{Lh}, c_{Hh})$。对于利润最大化，$p_c^*=V_H$，有

$$\pi_{2212}=[\beta_H+\alpha_H(1-\beta_H)\beta_H]n_H(V_H-X)+\{2-[\beta_H+\alpha_H(1-\beta_H)\beta_H]\}n_HV_H+[\beta_L+\alpha_L(1-\beta_L)\beta_L]n_L(V_H-X)$$

● 如果$V_H-V_L\leqslant c_{Lh}<c_{Hh} \Rightarrow c_{Lh}\leqslant X\leqslant \mathrm{Min}$（$V_H-V_L+c_{Lh}$，$c_{Hh}$）。当 $X^*=c_{Lh}$，收益最大化且

$$\pi_{2212}^{*}=[\beta_H+\alpha_H(1-\beta_H)\beta_H]n_H(V_H-c_{Lh})+\{2-[\beta_H+\alpha_H(1-\beta_H)\beta_H]\}n_HV_H+[\beta_L+\alpha_L(1-\beta_L)\beta_L]n_L(V_H-c_{Lh}) \quad (OD-16)$$

● 如果$c_{Lh}<V_H-V_L\leqslant c_{Hh} \Rightarrow V_H-V_L\leqslant X<\mathrm{Min}(V_H-V_L+c_{Lh}, c_{Hh})$。当 $X^*=V_H-V_L$，收益最大化且

$$\pi_{2212}^{*}=[\beta_H+\alpha_H(1-\beta_H)\beta_H]n_HV_L+\{2-[\beta_H+\alpha_H(1-\beta_H)\beta_H]\}V_H+[\beta_L+\alpha_L(1-\beta_L)\beta_L]n_LV_L \quad (OD-17)$$

2）如果$V_L+X-c_{Lh}-\frac{\alpha_L\beta_Lc_{Lh}}{1-\alpha_L}<p_c\leqslant V_L+(X-c_{Lh})$，低端消费者推迟兑换。

从引理 2 和引理 3 得到

$$\mathrm{Max}\left(V_L, V_L+X-c_{Lh}-\frac{\alpha_L\beta_Lc_{Lh}}{1-\alpha_L}\right)<p_c\leqslant \mathrm{Min}(V_H, V_L+X, V_L+(X-c_{Lh})) \quad (OD-18)$$

式（OD-18）可以进一步简化为：

$$\mathrm{Max}\left(V_L, V_L+X-c_{Lh}-\frac{\alpha_L\beta_Lc_{Lh}}{1-\alpha_L}\right)<p_c\leqslant \mathrm{Min}(V_H, V_L$$

$$+(X-c_{Lh})) \quad \text{(OD-19)}$$

因为低端消费者在最后一期面临c_{Lh}时兑换优惠券，商家的利润是：

$$\pi_{222}=[\beta_H+\alpha_H(1-\beta_H)\beta_H]n_H(p_c-X)+\{2-[\beta_H+\alpha_H(1-\beta_H)\beta_H]\}n_H p_c+[\beta_L+\alpha_L(1-\beta_L)]n_L(p_c-X)$$

A. 如果$V_L+(X-c_{Lh})\leqslant V_H \Rightarrow c_{Lh}\leqslant X\leqslant Min(V_H-V_L+c_{Lh}, c_{Hh})$和 $p_c=V_L+(X-c_{Lh})$，得到

$$\pi_{2221}=[\beta_H+\alpha_H(1-\beta_H)\beta_H]n_H(V_L-c_{Lh})+\{2-[\beta_H+\alpha_H(1-\beta_H)\beta_H]\}n_H[V_L+(X-c_{Lh})]+[\beta_L+\alpha_L(1-\beta_L)]n_L(V_L-c_{Lh})$$

- 当$c_{Hh}\leqslant V_H-V_L+c_{Lh}\Rightarrow V_H-V_L\geqslant c_{Hh}-c_{Lh}$，且 $c_{Lh}\leqslant X\leqslant c_{Hh}$。当 $X^*=c_{Hh}$且 $p_c^*=V_L+(c_{Hh}-c_{Lh})$时，商家的利润为：

$$\pi_{2221}^*=[\beta_H+\alpha_H(1-\beta_H)\beta_H]n_H(V_L-c_{Lh})+\{2-[\beta_H+\alpha_H(1-\beta_H)\beta_H]\}n_H[V_L+(c_{Hh}-c_{Lh})]+[\beta_L+\alpha_L(1-\beta_L)]n_L(V_L-c_{Lh}) \quad \text{(OD-20)}$$

- 当$c_{Hh}>V_H-V_L+c_{Lh}\Rightarrow V_H-V_L<c_{Hh}-c_{Lh}$，且 $c_{Lh}\leqslant X\leqslant V_H-V_L+c_{Lh}$。

当$X^*=V_H-V_L+c_{Lh}$且 $p_c^*=V_H$，商家的利润最大化且

$$\pi_{2221}^*=[\beta_H+\alpha_H(1-\beta_H)\beta_H]n_H(V_L-c_{Lh})+\{2-[\beta_H+\alpha_H(1-\beta_H)\beta_H]\}n_H V_H+[\beta_L+\alpha_L(1-\beta_L)]n_L(V_L-c_{Lh}) \quad \text{(OD-21)}$$

B. 如果$V_L+(X-c_{Lh})>V_H\Rightarrow V_H-V_L+c_{Lh}<X\leqslant \mathrm{Min}\left\{c_{Hh}, V_H-V_L+c_{Lh}+\frac{\alpha_L\beta_L c_{Lh}}{1-\alpha_L}\right\}$以及 $p_c^*=V_H$，得到

$$\pi_{2222}=[\beta_H+\alpha_H(1-\beta_H)\beta_H]n_H(V_H-X)+\{2-[\beta_H+\alpha_H(1-\beta_H)\beta_H]\}n_H V_H+[\beta_L+\alpha_L(1-\beta_L)]n_L(V_H-X)$$

这里需要$V_H-V_L+c_{Lh}<c_{Hh}$，这意味着 $V_H-V_L<c_{Hh}-c_{Lh}$。当

$X^* = V_H - V_L + c_{Lh}$，利润最大化且

$$\pi_{2222}^* = [\beta_H + \alpha_H(1-\beta_H)\beta_H] n_H (V_L - c_{Lh}) + \{2 - [\beta_H + \alpha_H(1-\beta_H)\beta_H]\} n_H V_H + [\beta_L + \alpha_L(1-\beta_L)] n_L (V_L - c_{Lh}) \quad \text{(OD-22)}$$

(3) $X > c_{Hh}$。

这里因为 $X > c_{Hh}$ 和 $p < V_H$，高端消费者总是在最后一个周期兑换优惠券。此外，只要 $p_c > V_H + X - c_{Hh} - \frac{\alpha_H \beta_H c_{Hh}}{1-\alpha_H}$，高端消费者将推迟兑换。

同样，低端消费者的行为与上文讨论的相同。当$p_c > V_L + (X - c_{Lh})$ 时，如果在任何周期（包括最后一个周期）兑换成本是 c_{Lh}，低端消费者将不会购买。

当$p_c \leqslant V_L + (X - c_{Lh})$ 时，低端消费者将推迟兑换优惠券（在最后一个周期之前）并且只要 $p_c > V_L + X - c_{Lh} - \frac{\alpha_L \beta_L c_{Lh}}{1-\alpha_L}$，如果兑换成本是$c_{Lh}$，则不进行购买。但是，无论成本高低，低端消费者都会在最后一个周期兑换优惠券。否则，当 $p_c \leqslant V_L + X - c_{Lh} - \frac{\alpha_L \beta_L c_{Lh}}{1-\alpha_L}$时，低端消费者将在第一周期立即兑换优惠券。这里，当 $X > c_{Hh}$ 且 $p_c \leqslant V_L + X - c_{Lh} - \frac{\alpha_L \beta_L c_{Lh}}{1-\alpha_L}$时，提供优惠券的策略可能是最优的，因为当 $X > c_{Hh}$时，高端消费者的兑换随着优惠券有效期的增加而减少（模式 2），这与 $X \leqslant c_{Hh}$ 的情况不同。

1）如果$p_c > V_L +$ $(X - c_{Lh})$。

从引理 2 和引理 3，我们得到

$$\mathrm{Max}\left(V_L, V_L + (X - c_{Lh}), V_H + X - c_{Hh} - \frac{\alpha_H \beta_H c_{Hh}}{1-\alpha_H}\right) < p_c \leqslant \mathrm{Min}(V_H, V_L + X) \quad \text{(OD-23)}$$

以及商家的利润是：

$\pi_{231} = [\beta_H + \alpha_H(1-\beta_H)]n_H(p_c - X) + \{2 - [\beta_H + \alpha_H(1-\beta_H)]\}n_H p_c + [\beta_L + \alpha_L(1-\beta_L)\beta_L]n_L(p_c - X)$

A. 如果$V_L + X \leqslant V_H \Rightarrow c_{Hh} \leqslant X \leqslant V_H - V_L$，这意味着 $V_H - V_L > c_{Hh}$。

根据式（OD－23）有

$$\text{Max}\left(V_L + (X - c_{Lh}), V_H + X - c_{Hh} - \frac{\alpha_H \beta_H c_{Hh}}{1-\alpha_H}\right) < p_c \leqslant V_L + X$$

$$\Rightarrow c_{Hh} < V_H - V_L < c_{Hh} + \frac{\alpha_H \beta_H c_{Hh}}{1-\alpha_H}$$

为了利润最大化，$p_c = V_L + X$ 以及$X^* = V_H - V_L$，也就是说 $p_c^* = V_H$。

$$\pi_{2311}^* = [\beta_H + \alpha_H(1-\beta_H)]n_H V_L + \{2 - [\beta_H + \alpha_H(1-\beta_H)]\}n_H V_H + [\beta_L + \alpha_L(1-\beta_L)\beta_L]n_L V_L \quad \text{(OD-24)}$$

B. 如果$V_L + X > V_H \Rightarrow X > \text{Max}(c_{Hh}, V_H - V_L)$。这里，根据式（OD－23）有

$$\text{Max}\left(V_L + (X - c_{Lh}), V_H + X - c_{Hh} - \frac{\alpha_H \beta_H c_{Hh}}{1-\alpha_H}\right) < p_c \leqslant V_H$$

$$\Rightarrow \text{Max}(c_{Hh}, V_H - V_L) < X < \text{Min}\left(V_H - V_L + c_{Lh}, c_{Hh} + \frac{\alpha_H \beta_H c_{Hh}}{1-\alpha_H}\right)$$

为了利润最大化，

$p_c^* = V_H$

$\pi_{2312} = [\beta_H + \alpha_H(1-\beta_H)]n_H(V_H - X) + \{2 - [\beta_H + \alpha_H(1-\beta_H)]\}n_H V_H + [\beta_L + \alpha_L(1-\beta_L)\beta_L]n_L(V_H - X)$

● 当$V_H - V_L < c_{Hh} \Rightarrow c_{Hh} < c_{Hh} + \frac{\alpha_H \beta_H c_{Hh}}{1-\alpha_H}$，且$c_{Hh} < V_H - V_L + c_{Lh} \Rightarrow V_H - V_L > c_{Hh} - c_{Lh}$。

因此，当$X^* = c_{Hh}$时，商家利润最大化：

$$\pi_{2312}^{*}=[\beta_H+\alpha_H(1-\beta_H)]n_H(V_H-c_{Hh})+\{2-[\beta_H+\alpha_H(1-\beta_H)]\}n_HV_H+[\beta_L+\alpha_L(1-\beta_L)\beta_L]n_L(V_H-c_{Hh}) \quad (OD-25)$$

● 当$V_H-V_L\geqslant c_{Hh}\Rightarrow V_H-V_L\leqslant X\leqslant c_{Hh}+\frac{\alpha_H\beta_Hc_{Hh}}{1-\alpha_H}\Rightarrow c_{Hh}<V_H-V_L<c_{Hh}+\frac{\alpha_H\beta_Hc_{Hh}}{1-\alpha_H}$

当$X^*=V_H-V_L$，商家利润最大化：

$$\pi_{2312}^{*}=[\beta_H+\alpha_H(1-\beta_H)]n_HV_L+\{2-[\beta_H+\alpha_H(1-\beta_H)]\}n_HV_H+[\beta_L+\alpha_L(1-\beta_L)\beta_L]n_LV_L \quad (OD-26)$$

2）如果$V_L+X-c_{Lh}-\frac{\alpha_L\beta_Lc_{Lh}}{1-\alpha_L}<p_c<V_L+（X-c_{Lh}）$。

这里，低端消费者将在最后一个周期前，面对c_{Lh}时推迟兑换优惠券，但无论成本高低，会在最后一个周期兑换优惠券。为了让这两种类型推迟兑换，需要

$$\text{Max}\left(V_L,V_L+X-c_{Lh}-\frac{\alpha_L\beta_Lc_{Lh}}{1-\alpha_L},V_H+X-c_{Hh}-\frac{\alpha_H\beta_Hc_{Hh}}{1-\alpha_H}\right)<p_c\leqslant\text{Min}(V_H,V_L+X,V_L+(X-c_{Lh})) \quad (OD-27)$$

可以简化为：

$$\text{Max}\left(V_L,V_L+X-c_{Lh}-\frac{\alpha_L\beta_Lc_{Lh}}{1-\alpha_L},V_H+X-c_{Hh}-\frac{\alpha_H\beta_Hc_{Hh}}{1-\alpha_H}\right)<p_c\leqslant\text{Min}(V_H,V_L+(X-c_{Lh})) \quad (OD-28)$$

商家的利润为：

$$\pi_{232}=[\beta_H+\alpha_H(1-\beta_H)]n_H(p_c-X)+\{2-[\beta_H+\alpha_H(1-\beta_H)]\}n_Hp_c+[\beta_L+\alpha_L(1-\beta_L)]n_L(p_c-X)$$

A. 如果$V_L+（X-c_{Lh}）<V_H\Rightarrow X<V_H-V_L+c_{Lh}$，结合 $X<V_H-V_L+c_{Lh}$和 $X>c_{Hh}$，得到$V_H-V_L>c_{Hh}-c_{Lh}$。

这里，式（OD-28）简化为：

$$\mathrm{Max}\left(V_L, V_L+X-c_{Lh}-\frac{\alpha_L\beta_L c_{Lh}}{1-\alpha_L}, V_H+X-c_{Hh}-\frac{\alpha_H\beta_H c_{Hh}}{1-\alpha_H}\right)$$
$$<p_c\leqslant V_L+(X-c_{Lh})$$

因为 $X>c_{Hh}\Rightarrow V_L+(X-c_{Lh})>V_L$ 和 $V_L+(X-c_{Lh})>V_L+X-c_{Lh}-\frac{\alpha_L\beta_L c_{Lh}}{1-\alpha_L}$，需要 $V_L+(X-c_{Lh})>V_H+X-c_{Hh}-\frac{\alpha_H\beta_H c_{Hh}}{1-\alpha_H}$，这意味着 $c_{Hh}-c_{Lh}<V_H-V_L<c_{Hh}-c_{Lh}+\frac{\alpha_H\beta_H c_{Hh}}{1-\alpha_H}$。

当 $p_c=V_L+(X-c_{Lh})$ 以及 $X^*=V_H-V_L+c_{Lh}$，这意味着 $p_c^*=V_H$，则

$$\pi_{2321}^*=[\beta_H+\alpha_H(1-\beta_H)]n_H(V_L-c_{Lh})+\{2-[\beta_H+\alpha_H(1-\beta_H)]\}n_H V_H+[\beta_L+\alpha_L(1-\beta_L)]n_L(V_L-c_{Lh}) \tag{OD-29}$$

B. 如果 $V_L+(X-c_{Lh})\geqslant V_H\Rightarrow X\geqslant V_H-V_L+c_{Lh}$，这里式（OD-28）简化为：

$$\mathrm{Max}\left(V_L, V_L+X-c_{Lh}-\frac{\alpha_L\beta_L c_{Lh}}{1-\alpha_L}, V_H+X-c_{Hh}-\frac{\alpha_H\beta_H c_{Hh}}{1-\alpha_H}\right)$$
$$<p_c\leqslant V_H$$
$$\Rightarrow \mathrm{Max}(V_H-V_L+c_{Lh}, c_{Hh})<X<\mathrm{Min}\left(c_{Hh}+\frac{\alpha_H\beta_H c_{Hh}}{1-\alpha_H},\right.$$
$$\left.V_H-V_L+c_{Lh}+\frac{\alpha_L\beta_L c_{Lh}}{1-\alpha_L}\right)$$

为了利润最大化，$p_c^*=V_H$ 和 $\pi_{2322}=[\beta_H+\alpha_H(1-\beta_H)]n_H(V_H-X)+\{2-[\beta_H+\alpha_H(1-\beta_H)]\}n_H V_H+[\beta_L+\alpha_L(1-\beta_L)]n_L(V_H-X)$，$X$ 应该比较小。

- 如果 $c_{Hh}>V_H-V_L+c_{Lh}\Rightarrow \mathrm{Max}(c_{Hh}, V_H-V_L+c_{Lh})=c_{Hh}\Rightarrow (V_H-V_L)<(c_{Hh}-c_{Lh})$，因为需要 $c_{Hh}<V_H-V_L+c_{Lh}+\frac{\alpha_{ML}\beta_L c_{Lh}}{1-\alpha_L}\Rightarrow$

$c_{Hh}-c_{Lh}-\frac{\alpha_L\beta_L c_{Lh}}{1-\alpha_L}<(V_H-V_L)<(c_{Hh}-c_{Lh})$，当$X^*=c_{Hh}$时，

$$\pi_{2322}^*=[\beta_H+\alpha_H(1-\beta_H)]n_H(V_H-c_{Hh})+\{2-[\beta_H+\alpha_H(1-\beta_H)]\}n_H V_H+[\beta_L+\alpha_L(1-\beta_L)]n_L(V_H-c_{Hh}) \quad (OD-30)$$

• 如果$c_{Hh}\leqslant V_H-V_L+c_{Lh}\Rightarrow \text{Max}(c_{Hh},V_H-V_L+c_{Lh})=V_H-V_L+c_{Lh}\Rightarrow(V_H-V_L)\geqslant(c_{Hh}-c_{Lh})$，因为需要$V_H-V_L+c_{Lh}<c_{Hh}+\frac{\alpha_H\beta_H c_{Hh}}{1-\alpha_H}\Rightarrow c_{Hh}-c_{Lh}<(V_H-V_L)<c_{Hh}-c_{Lh}+\frac{\alpha_H\beta_H c_{Hh}}{1-\alpha_H}$，当 $X^*=V_H-V_L+c_{Lh}$时

$$\pi_{2322}^*=[\beta_H+\alpha_H(1-\beta_H)]n_H(V_L-c_{Lh})+\{2-[\beta_H+\alpha_H(1-\beta_H)]\}n_H V_H+[\beta_L+\alpha_L(1-\beta_L)]n_L(V_L-c_{Lh}) \quad (OD-31)$$

这里，在相同条件下，π_{2322}^*与 π_{2321}^*相等。

3）如果 $p\leqslant V_L+X-c_{Lh}-\frac{\alpha_L\beta_L c_{Lh}}{1-\alpha_L}$，低端消费者将不会推迟兑换优惠券。

为了使两类消费者推迟兑换优惠券，需要

$$\text{Max}(V_L,V_H+X-c_{Hh}-\frac{\alpha_H\beta_H c_{Hh}}{1-\alpha_H})<p_c\leqslant\text{Min}\left(V_H,V_L+X,V_L+X-c_{Lh}-\frac{\alpha_L\beta_L c_{Lh}}{1-\alpha_L}\right)$$

上述式子可进一步简化为：

$$\text{Max}(V_L,V_H+X-c_{Hh}-\frac{\alpha_H\beta_H c_{Hh}}{1-\alpha_H})<p_c\leqslant\text{Min}\left(V_H,V_L+X-c_{Lh}-\frac{\alpha_L\beta_L c_{Lh}}{1-\alpha_L}\right) \quad (OD-32)$$

因为高端消费者肯定会在第一期兑换优惠券，商家利润是：

$$\pi_{233}=[\beta_H+\alpha_H(1-\beta_H)]n_H(p_c-X)+\{2-[\beta_H+\alpha_H(1-\beta_H)]\}n_H p_c+n_L(p_c-X)$$

A. 如果$V_L+X-c_{Lh}-\frac{\alpha_L\beta_L c_{Lh}}{1-\alpha_L}\leqslant V_H\Rightarrow X\leqslant V_H-V_L+c_{Lh}+\frac{\alpha_L\beta_L c_{Lh}}{1-\alpha_L}$。由于 $X\geqslant c_{Hh}$，需要 $V_H-V_L+c_{Lh}+\frac{\alpha_L\beta_L c_{Lh}}{1-\alpha_L}>c_{Hh}\Rightarrow V_H-V_L>c_{Hh}-c_{Lh}-\frac{\alpha_L\beta_L c_{Lh}}{1-\alpha_L}$。

式（OD-32）变为 $\mathrm{Max}\left(V_L,\ V_H+X-c_{Hh}-\frac{\alpha_H\beta_H c_{Hh}}{1-\alpha_H}\right)<p_c\leqslant V_L+X-c_{Lh}-\frac{\alpha_L\beta_L c_{Lh}}{1-\alpha_L}$。

从$V_L+X-c_{Lh}-\frac{\alpha_L\beta_L c_{Lh}}{1-\alpha_L}>V_L$和 $V_L+X-c_{Lh}-\frac{\alpha_L\beta_L c_{Lh}}{1-\alpha_L}>V_H+X-c_{Hh}-\frac{\alpha_H\beta_H c_{Hh}}{1-\alpha_H}$，得到 X 的约束条件是 $\mathrm{Max}\left(c_{Hh},c_{Lh}+\frac{\alpha_L\beta_L c_{Lh}}{1-\alpha_L}\right)<X\leqslant V_H-V_L+c_{Lh}+\frac{\alpha_L\beta_L c_{Lh}}{1-\alpha_L}$。

当$p_c=V_L+X-c_{Lh}-\frac{\alpha_L\beta_L c_{Lh}}{1-\alpha_L}$ 以及 $X=V_H-V_L+c_{Lh}+\frac{\alpha_L\beta_L c_{Lh}}{1-\alpha_L}$，有

$$\begin{aligned}\pi_{2331}^{*}=&[\beta_H+\alpha_H(1-\beta_H)]n_H\left(V_L-c_{Lh}-\frac{\alpha_L\beta_L c_{Lh}}{1-\alpha_L}\right)\\&+\{2-[\beta_H+\alpha_H(1-\beta_H)]\}n_H V_H\\&+n_L\left(V_L-c_{Lh}-\frac{\alpha_L\beta_L c_{Lh}}{1-\alpha_L}\right)\end{aligned}\qquad\text{(OD-33)}$$

B. 如果$V_L+X-c_{Lh}-\frac{\alpha_L\beta_L c_{Lh}}{1-\alpha_L}>V_H\Rightarrow X>V_H-V_L+c_{Lh}+\frac{\alpha_L\beta_L c_{Lh}}{1-\alpha_L}$。

因为 $X\geqslant c_{Hh}$，有 $X>\mathrm{Max}(V_H-V_L+c_{Lh}+\frac{\alpha_L\beta_L c_{Lh}}{1-\alpha_L},\ c_{Hh})$，因此，式

(OD-32) 简化为 $\text{Max}\left(V_L,\ V_H+X-c_{Hh}-\frac{\alpha_H\beta_H c_{Hh}}{1-\alpha_H}\right)<p_c\leqslant V_H$。

从 $V_H>V_H+X-c_{Hh}-\frac{\alpha_H\beta_H c_{Hh}}{1-\alpha_H}$，可得 $X<c_{Hh}+\frac{\alpha_H\beta_H c_{Hh}}{1-\alpha_H}$。

X 的约束是 $\text{Max}\ (V_H-V_L+c_{Lh}+\frac{\alpha_L\beta_L c_{Lh}}{1-\alpha_L},\ c_{Hh})<X\leqslant c_{Hh}+\frac{\alpha_H\beta_H c_{Hh}}{1-\alpha_H}$。

当 $p_c^*=V_H$，有

$\pi_{2332}=[\beta_H+\alpha_H(1-\beta_H)]n_H(V_H-X)+\{2-[\beta_H+\alpha_H(1-\beta_H)]\}n_HV_H+n_L(V_H-X)$

- 如果 $c_{Hh}>V_H-V_L+c_{Lh}+\frac{\alpha_L\beta_L c_{Lh}}{1-\alpha_L}\Rightarrow V_H-V_L<c_{Hh}-c_{Lh}-\frac{\alpha_L\beta_L c_{Lh}}{1-\alpha_L}$ 以及 $\text{Max}(c_{Hh},V_H-V_L+c_{Lh}+\frac{\alpha_L\beta_L c_{Lh}}{1-\alpha_L})=c_{Hh}$，当 $X^*=c_{Hh}$，有

$$\pi_{2332}^*=[\beta_H+\alpha_H(1-\beta_H)]n_H(V_H-c_{Hh})+\{2-[\beta_H+\alpha_H(1-\beta_H)]\}n_HV_H+n_L(V_H-c_{Hh}) \quad \text{(OD-34)}$$

- 如果 $c_{Hh}\leqslant V_H-V_L+c_{Lh}+\frac{\alpha_L\beta_L c_{Lh}}{1-\alpha_L}\Rightarrow V_H-V_L>c_{Hh}-c_{Lh}-\frac{\alpha_L\beta_L c_{Lh}}{1-\alpha_L}$ 和 $\text{Max}\left(c_{Hh},V_H-V_L+c_{Lh}+\frac{\alpha_L\beta_L c_{Lh}}{1-\alpha_L}\right)=V_H-V_L+c_{Lh}+\frac{\alpha_L\beta_L c_{Lh}}{1-\alpha_L}$，因为 $V_H-V_L+c_{Lh}+\frac{\alpha_L\beta_L c_{Lh}}{1-\alpha_L}<X\leqslant c_{Hh}+\frac{\alpha_H\beta_H c_{Hh}}{1-\alpha_H}$，有 $V_H-V_L+c_{Lh}+\frac{\alpha_L\beta_L c_{Lh}}{1-\alpha_L}<c_{Hh}+\frac{\alpha_H\beta_H c_{Hh}}{1-\alpha_H}\Rightarrow V_H-V_L<c_{Hh}-c_{Lh}+\frac{\alpha_H\beta_H c_{Hh}}{1-\alpha_H}-\frac{\alpha_L\beta_L c_{Lh}}{1-\alpha_L}$。该策略出现的条件是 $c_{Hh}-c_{Lh}-\frac{\alpha_L\beta_L c_{Lh}}{1-\alpha_L}<V_H-V_L<c_{Hh}-c_{Lh}+\frac{\alpha_H\beta_H c_{Hh}}{1-\alpha_H}-\frac{\alpha_L\beta_L c_{Lh}}{1-\alpha_L}$，当 $X^*=V_H-V_L+c_{Lh}+\frac{\alpha_L\beta_L c_{Lh}}{1-\alpha_L}$，有

$$\pi_{2332}^*=[\beta_H+\alpha_H(1-\beta_H)]n_H\left(V_L-c_{Lh}-\frac{\alpha_L\beta_L c_{Lh}}{1-\alpha_L}\right)+\{2-[\beta_H+\alpha_H(1-\beta_H)]\}n_HV_H+n_L(V_L$$

$$-c_{Lh}-\frac{\alpha_L\beta_L c_{Lh}}{1-\alpha_L}) \qquad \text{(OD-35)}$$

π^*_{2332}与 π^*_{2331}相等。

在比较了一期与两期优惠券案例中的策略后，我们发现当出现以下情况时，该策略可能是最佳的（为了简化，重新标记它们）：

一期优惠券：

（1）当$V_H-V_L\leqslant c_{Hh}$时。

$X^*=V_H-V_L$且 $p_c^*=V_H$，有

$$\pi_1^*=\beta_H n_H V_L+(1-\beta_H)n_H V_H+\beta_L n_L V_L。$$

（2）当$V_H-V_L>c_{Hh}$时。

$X^*=c_{Hh}$且$p_c^*=V_L+c_{Hh}$，有

$$\pi_2^*=\beta_H n_H V_L+(1-\beta_H)n_H(V_L+c_{Hh})+\beta_L n_L V_L$$

（3）当$V_H-V_L\leqslant c_{Hh}-c_{Lh}$时。

$X^*=V_H-V_L+c_{Lh}$且$p_c^*=V_H$，有

$$\pi_3^*=\beta_H n_H(V_L-c_{Lh})+(1-\beta_H)n_H V_H+n_L(V_L-c_{Lh})$$

（4）当$V_H-V_L>c_{Hh}-c_{Lh}$时。

$X^*=c_{Hh}$且 $p_c^*=V_L+$（$c_{Hh}-c_{Lh}$），有

$$\pi_4^*=\beta_H n_H(V_L-c_{Lh})+(1-\beta_H)n_H[V_L+(c_{Hh}-c_{Lh})] \\ +n_L(V_L-c_{Lh})$$

N 期优惠券：

通过推广使用两期优惠券获得的结果，得到了 N 期优惠券的一般解决方案。

（1）当$V_H-V_L\leqslant c_{Hh}$时。

$X^*=V_H-V_L$且 $p_c^*=V_H$，有

$$\pi^*_{N1}=\left\{\sum_{i=1}^{N}[\alpha_H(1-\beta_H)]^{i-1}\beta_H\right\}n_H V_L$$

$$+\left\{N-\sum_{i=1}^{N}\left[\alpha_H(1-\beta_H)\right]^{i-1}\beta_H\right\}n_H V_H$$
$$+\left\{\sum_{i=1}^{N}\left[\alpha_L(1-\beta_L)\right]^{i-1}\beta_L\right\}n_L V_L$$

(2) 当$V_H-V_L>c_{Hh}$时。

$X^*=c_{Hh}$且$p_c^*=V_L+c_{Hh}$，有

$$\pi_{N2}^*=\left\{\sum_{i=1}^{N}\left[\alpha_H(1-\beta_H)\right]^{i-1}\beta_H\right\}n_H V_L$$
$$+\left\{N-\sum_{i=1}^{N}\left[\alpha_H(1-\beta_H)\right]^{i-1}\beta_H\right\}n_H(V_L+c_{Hh})$$
$$+\left\{\sum_{i=1}^{N}\left[\alpha_L(1-\beta_L)\right]^{i-1}\beta_L\right\}n_L V_L$$

(3) 当$c_{Hh}<V_H-V_L<c_{Hh}+\frac{\alpha_H\beta_H c_{Hh}}{1-\alpha_H}$时。

$X^*=V_H-V_L$且$p_c^*=V_H$，有

$$\pi_{N3}^*=\left\{\sum_{i=1}^{N}\left[\alpha_H(1-\beta_H)\right]^{i-1}\beta_H+\alpha_H{}^{N-1}(1-\beta_H)^N\right\}n_H V_L$$
$$+\{N-\{\sum_{i=1}^{N}\left[\alpha_H(1-\beta_H)\right]^{i-1}\beta_H+\alpha_H{}^{N-1}(1$$
$$-\beta_H)^N\}\}\,n_H V_H+\left\{\sum_{i=1}^{N}\left[\alpha_L(1-\beta_L)\right]^{i-1}\beta_L\right\}n_L V_L$$

(4) 当$c_{Hh}-c_{Lh}<V_H-V_L<c_{Hh}-c_{Lh}+\frac{\alpha_H\beta_H c_{Hh}}{1-\alpha_H}$时。

$X^*=V_H-V_L+c_{Lh}$且$p_c^*=V_H$，有

$$\pi_{N4}^*=\left\{\sum_{i=1}^{N}\left[\alpha_H(1-\beta_H)\right]^{i-1}\beta_H+\alpha_H{}^{N-1}(1-\beta_H)^N\right\}n_H(V_L$$
$$-c_{Lh})+\left\{N-\left\{\sum_{i=1}^{N}\left[\alpha_H(1-\beta_H)\right]^{i-1}\beta_H+\alpha_H{}^{N-1}(1-\beta_H)^N\right\}\right\}$$
$$n_H V_H+\left\{\sum_{i=1}^{N}\left[\alpha_L(1-\beta_L)\right]^{i-1}\beta_L+\alpha_L{}^{N-1}(1-\beta_L)^N\right\}n_L(V_L-c_{Lh})$$

(5) 当$c_{Hh}-c_{Lh}<V_H-V_L<c_{Hh}-c_{Lh}+\frac{\alpha_H\beta_H c_{Hh}}{1-\alpha_H}-\frac{\alpha_L\beta_L c_{Lh}}{1-\alpha_L}$时。

$X^*=V_H-V_L+c_{Lh}+\frac{\alpha_L\beta_L c_{Lh}}{1-\alpha_L}$ 且 $p_c^*=V_H$，有

$$\begin{aligned}\pi_{N5}^* = & \{\sum_{i=1}^{N}[\alpha_H(1-\beta_H)]^{i-1}\beta_H+\alpha_H{}^{N-1}(1-\beta_H)^N\}n_H(V_L \\ & -c_{Lh}-\frac{\alpha_L\beta_L c_{Lh}}{1-\alpha_L})+\{N-[\sum_{i=1}^{N}[\alpha_H(1-\beta_H)]^{i-1}\beta_H \\ & +\alpha_H{}^{N-1}(1-\beta_H)^N]\}n_H V_H+n_L\left(V_L-c_{Lh}-\frac{\alpha_L\beta_L c_{Lh}}{1-\alpha_L}\right)\end{aligned}$$

图书在版编目（CIP）数据

动态促销前沿：促销排期及有效期决策/张泽林著．--北京：中国人民大学出版社，2020.8
（管理学文库）
ISBN 978-7-300-13308-9

Ⅰ．①动… Ⅱ．①张… Ⅲ．①促销-研究 Ⅳ．①F713.3

中国版本图书馆 CIP 数据核字（2020）第 155651 号

管理学文库
动态促销前沿——促销排期及有效期决策
张泽林 著
Dongtaicuxiao Qianyan——Cuxiaopaiqi ji Youxiaoqi Juece

出版发行	中国人民大学出版社		
社　　址	北京中关村大街 31 号	**邮政编码**	100080
电　　话	010－62511242（总编室）		010－62511770（质管部）
	010－82501766（邮购部）		010－62514148（门市部）
	010－62511173（发行公司）		010－62515275（盗版举报）
网　　址	http://www.crup.com.cn		
经　　销	新华书店		
印　　刷	固安县铭成印刷有限公司		
开　　本	720 mm×1000 mm　1/16	**版　　次**	2020 年 8 月第 1 版
印　　张	10.5 插页 2	**印　　次**	2025 年 6 月第 2 次印刷
字　　数	139 000	**定　　价**	58.00 元